PROGRÈS
COMPAGNONNIQUES

PAR

A. GABORIAU FILS

dit l'Espérance le Saintonge

Compagnon cloutier
Président de la Société des Compagnons des Corps et des Devoirs réunis
de la ville de Surgères.

J. TESSIER
IMPRIMERIE DE SURGÈRES
(Charente-Inférieure)
1876

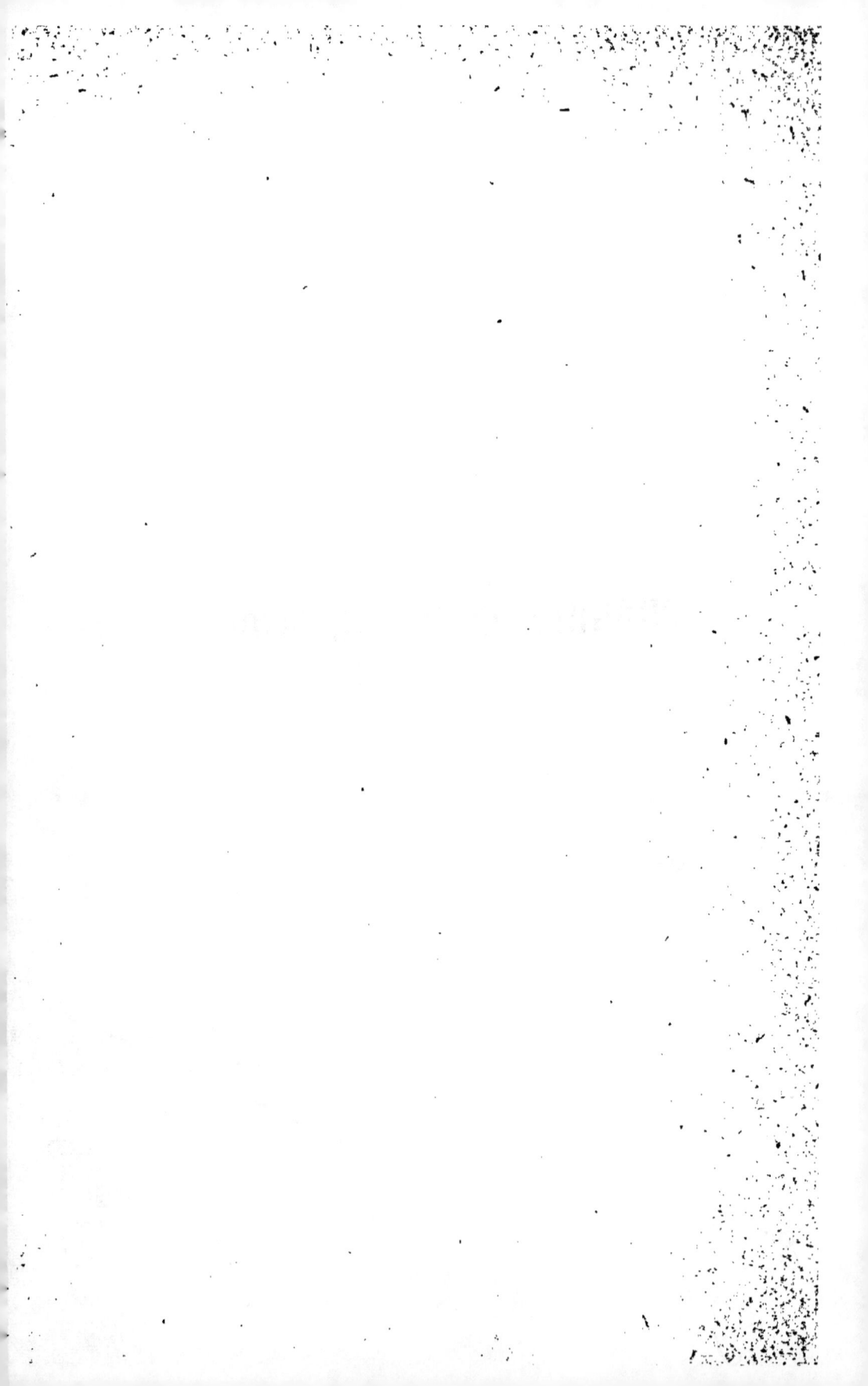

PROGRÈS COMPAGNONNIQUES

IMPRIMERIE DE SURGÈRES. — J. TESSIER.

PROGRÈS

COMPAGNONNIQUES

PAR

A. GABORIAU FILS

dit l'Espérance de Saintonge

Compagnon cloutier

Président de la Société des Compagnons des Corps et des Devoirs réunis
de la ville de Surgères.

J. TESSIER

IMPRIMERIE DE SURGÈRES

(Charente-Inférieure)

—

1876

PRÉFACE

Cher ami Gaboriau,

Je vous reconnais pour l'un des compagnons les plus purs, les plus dévoués du Tour de France. Je sais que vous faites fréquemment de courtes absences de Surgères, malgré vos travaux, malgré votre commerce, et que, paraissant à La Rochelle, à Niort, à Cognac, à Fontenay-le-Comte, à Bordeaux, au milieu des fêtes, des banquets des compagnons, vous portez avec feu, avec enthousiasme la parole de paix, de fraternité, que vous émouvez l'auditoire et que vous faites un bien immense à la sainte cause des travailleurs.

Vos chansons, vos discours relatifs au Compagnonnage sont entre les mains de l'imprimeur; ils paraîtront prochainement en brochure, et le Tour de France tout entier en profitera. Tant mieux!

Puisse la classe ouvrière se réveiller aux grandes idées, sortir de sa torpeur, de l'angourdissement moral dans lequel elle se trouve depuis un trop grand nombre d'années ! Puisse-t-elle lire, étudier, s'éclairer, progresser, et puis s'unir, fraterniser, travailler elle-même à son salut et se mettre à la hauteur des sublimes institutions de notre noble et chère patrie.

Le mal, depuis trop longtemps, est dans l'égoïsme, l'indifférence, l'orgueil, la vanité, la présomption, l'absence de sympathie, la tendance à l'individualisme, à l'isolement, à l'oubli des devoirs, à la frénésie de chacun pour soi, ce qui fait perdre toute vue d'ensemble, abâtardit les nations. A quoi pourrions-nous arriver en suivant une telle voie ? A la plus crasse ignorance, à la plus affreuse misère.

Puisse-t-on vous lire, puissent les cœurs se réchauffer à votre cœur ! Un grand pas en avant sera réalisé.

Brisons la glace, relevons l'idéal, le dévoûment, l'amour du métier, du travail ; groupons de nouveau les travailleurs ; re-

constituons, simplifions, améliorons nos antiques Sociétés, ainsi que l'époque actuelle le commande impérieusement, et la jeunesse nous reviendra, le Tour de France reprendra vigueur, d'immenses progrès seront réalisés, chacun se retrempera dans nos bienfaisantes corporations.

Servir la cause des travailleurs, des foules, ce n'est pas tout rose, je le sais par expérience, mais que rien ne nous intimide, avançons toujours et ne reculons jamais. Est-il une plus belle récompense que le sentiment intime du devoir accompli ! Voilà ce que nous devons ambitionner, voilà ce que nous devons acquérir !

Allons ! mon brave Gaboriau, bonne chance !

Votre ami et frère tout dévoué,

AGRICOL PERDIGUIER,
dit *Avignonnais la Vertu*,
vieux compagnon menuisier, ancien représentant du peuple.

PARIS, le 3 décembre 1872.

AVANT-PROPOS

Le Compagnonnage ayant pour base la morale et la vertu, c'est en étudiant l'une et en pratiquant l'autre que la conduite du compagnon devient irréprochable. Le désintéressement est une vertu nécessaire à tous les compagnons.

Compatir au malheur d'autrui, abjurer tout sentiment de haine et de vengeance, être ennemi du vice, rendre hommage à la sagesse et à la vertu, être modeste dans la prospérité, voilà ce qu'il faut pour être bon compagnon.

Le Compagnonnage, quoique uniforme dans ses principes, dans sa morale, a néanmoins deux rites : les compagnons du *Devoir* et les compagnons du *Devoir de Liberté*; la différence entre ces deux rites est de peu d'importance et ne change rien

au fond, mais n'en a pas moins été un sujet de division, division qui a disparu par la formation de nos *Sociétés de Compagnons réunis.*

Les attributions des deux rites sont les mêmes; elles se résument dans les six prin cipales qui suivent:

1º Développement de la science dans chaque métier;

2º Direction de la jeunesse, au moyen du travail et des bons conseils qu'elle reçoit;

3º Vigilance des bons ouvriers, perfection des connaissances pour devenir patron;

4º Esprit d'ordre et de travail, bon exemple à son semblable;

5º Extinction des passions et des penchants coupables;

6º Devoir du chef d'atelier vis-à-vis de ceux qu'il commande;

Voilà, en quelque sorte, le tracé des discours contenus dans ce volume; chaque discours porte la date et le nom de la ville où il a été prononcé; il y a aussi quelques chansons que l'auteur vous recommande;

car elles prêchent toutes la Fraternité et l'Union parmi les Compagnons de tous corps et de tous devoirs.

Si la lettre de notre regretté Perdiguier porte la date du 3 décembre 1872, c'est qu'à cette époque j'étais en pourparlers avec un imprimeur; si j'ai attendu jusqu'à ce jour pour faire imprimer ce volume, c'est afin qu'il soit plus complet; j'ai tenu quand même à donner en préface la lettre de ce bon frère, tel était son désir; ce sera encore un moyen de le faire revivre parmi nous, il s'est assez dévoué pour les Compagnons en particulier, et pour tous les ouvriers en général, pour que nous nous efforcions de rendre son souvenir immortel.

A. GABORIAU FILS.

PROGRÈS COMPAGNONNIQUES

LA FRATERNITÉ

AIR : *Le Christ aux pieds nus*

Pour vivre heureux, compagnons, sur la terre,
Tendez la main à tous les voyageurs :
C'est le devoir de la classe ouvrière
De soutenir les nobles travailleurs.
Faisant ainsi, vous verrez l'harmonie
Qui régnera dans la société ;
Vous remplirez une mission chérie
En vivant tous dans la fraternité.　　　　*bis.*

Frères, soyez toujours prudents et sages,
Et des conseils n'écoutez que les bons,
Car c'est ainsi qu'étant dans vos voyages
Vous serez vus de tous les compagnons.
Puis retirés dans votre humble chaumière,
Professez bien toujours l'humanité,
Et vous aurez une âme noble et fière
Pour vous guider dans la fraternité.　　　　*bis.*

Quel heureux jour celui de la Concorde
Où l'on verra l'union, le progrès
Briser les liens que cause la discorde,
Abolissant tous les vieux préjugés!
Puis, pour devise ayons la bienfaisance,
Riche d'amour, flambeau de vérité ;
Et nous aurons pour notre récompense
Les souvenirs de la fraternité   *bis.*

Guidons nos pas dans la sainte alliance,
Suivons enfin, le sentier des vertus,
Puis travaillons toujours avec constance
A supprimer des devoirs les abus.
Puis, du progrès soyons la sentinelle,
Ne connaissons que la fidélité ;
Enfin chantons d'une voix fraternelle :
Vivons, vivons par la fraternité.   *bis.*

Plus de combats, plus de larmes amères,
Fraternisons et tendons-nous la main ;
Soyons touchés du malheur de nos frères,
Et ne vivons que pour faire du bien.
Quand nous voyons l'ouvrier sans ouvrage
Secourons-le avec sincérité.
Voilà la loi de tout compagnonnage
Et le devoir de la fraternité.   *bis.*

A tous les corps je fais cette prière :
Unissez-vous d'une franche amitié ;
De ces conseils partant d'un cœur sincère
Vous connaîtrez l'exacte vérité.
Avec ardeur propagez la science,
En l'élevant à l'immortalité.
Je suis cloutier, mon nom est l'Espérance
Et suis ami de la fraternité.   *bis.*

LA PAIX & L'UNION

AIR : *Béranger à l'Académie.*

Chers compagnons qui voyagez en France,
Croyez-le bien, les devoirs sont égaux,
Et pour former la nouvelle alliance
Il faut chanter ces refrains tout nouveaux.
Enfants de Dieu, nous sommes tous des frères,
Éloignons-nous de la dissension ;
Tendons la main à tous les prolétaires,
Puis, en ce jour, célébrons l'union.　　　　*bis.*

Chantons la paix, unissant tant de frères,
C'est le moyen d'élever notre nom.
Oh ! jour heureux ! réunis les mystères
De Maître Jacques, Soubise et Salomon.
Plus de fierté, franchissons la barrière,
Abolissons donc la division.
Que sommes-nous, hélas, sur cette terre !
Pauvres ouvriers ! pratiquons l'union.　　　　*bis.*

A ce progrès, amis, rendons hommage ;
Il faut montrer, l'élan d'humanité...
Rien n'est si beau que le compagnonnage,
Qu'il soit l'exemple de l'égalité.
C'est par l'accord des compagnons sincères
Que l'amitié fera notre union ;
Tous les devoirs se traiteront en frères,
Et là vivra la plus douce union.　　　　*bis.*

Foulons aux pieds le brutal fanatisme
Qui nous conduit à la rivalité ;
Qu'un bon accord remplace l'égoïsme,
Et nous vivrons dans la félicité ;
Car il viendra ce jour de récompense
Que je prédis en ces courtes leçons.
Dès aujourd'hui formons notre alliance
En célébrant la paix et l'union.   bis.

Ne soyons plus qu'une même famille,
Fraternisons et mêlons nos couleurs ;
Dans nos travaux il faut que la paix brille,
C'est là le vœu de nos trois Fondateurs.
De côté, donc, toute prépondérance,
Pour mettre fin à la division.
Chez les cloutiers, mon nom est l'Espérance.
Vivent l'accord, la paix et l'union.   bis.

L'UNION DES CORPS

AIR : L'*Honneur et l'Argent.*

Que vois-je réunis sous la même bannière !
Ce sont des compagnons des devoirs étrangers,
S'élançant tout joyeux dans la vaste carrière
Pour grandir tous ensemble et chasser les dangers.
A ces hommes de cœur, amis rendons hommage,
Car il nous font passer d'heureux et doux instants,
        D'heureux et doux instants.
Non, rien n'est aussi beau que le compagnonnage :
Compagnons du progrès, soyez tous bienfaisants,   bis.

Notre Société, la plus belle du monde,
Va déployer au vent ses nombreux étendards.
Que nos élans du cœur, qu'une vertu profonde
Nous amènent la paix, créatrice des arts.
O sainte humanité, fais de nous tous des frères !
Et protège toujours l'homme aux bons sentiments.
     L'homme aux bons sentiments,
Pour notre beau devoir faisons des vœux sincères :   *bis.*
Oublions à jamais tous nos ressentiments.

Honnêtes artisans, chantons avec ivresse
La conciliation de tous les corps d'états ;
Dans nos banquets joyeux qu'un seul cri d'allégresse
Mette fin à la guerre, en fuite les combats.
L'avenir nous commande, éloignons la discorde,
Et que tous compagnons à nos yeux soient égaux,
     A nos yeux soient égaux.
Redoublez de sagesse au sein de la concorde ;   *bis.*
Compagnons de tous corps ralliez vos faisceaux.

Le dévouement est rare, amis, sur cette terre ;
Mais que les compagnons soient bons et généreux ;
Faites du bien partout, soulagez la misère,
Et pour la bienfaisance faites toujours des vœux.
La fusion réclame de l'honneur, du courage ;
Par les bons sentiments vous marchez au progrès,
     Vous marchez au progrès.
Les plus hauts de la terre admirent notre ouvrage.   *bis.*
Nos chants d'humanité auront d'heureux succès.

Amis, soyons unis, et vivons tous en frères.
Pour devise ayons donc : justice, égalité ;
Oublions les discordes qui séparaient nos pères,
Et que la haine cède à la fraternité.

Pour vivre réunis, il faut de la constance,
Et l'union des corps c'est la prospérité,
        C'est la prospérité.
Chez tous les compagnons, mon nom est l'Espérance
Et, n'étant point poète un peu de charité.   *bis.*

LA RÉGÉNÉRATION

AIR : *Laissez-moi prier.*

Lorsque je me lançai sur le beau Tour de France
Je rêvais au bonheur d'être un jour compagnon,
Pour pouvoir protéger la nouvelle alliance
Qui doit tous nous unir, et former l'union.
Que tous les ouvriers s'entr'aident, se protègent ;
Plus de dissensions, le siècle en est passé.
Amis secourez-vous, et plus de privilége,
Car, pour des compagnons, ce serait déplacé.   *bis.*

Plus de sotte fierté, reconnaissons pour frère
L'honnête travailleur, l'ami de l'unité ;
Que l'esprit de progrès nous montre la lumière,
Et proclamons l'accord et la fraternité.
Associez-vous tous à l'Œuvre universelle.
Trouvez votre bonheur dans l'abnégation ;
Que la bonne harmonie, chez vous soit immortelle,
Et ce sera l'honneur de chaque compagnon.   *bis.*

Un nouveau jour luira pour les classes ouvrières :
Ils seront abolis tous ces vieux préjugés !
Le bon accord aura des effets salutaires
Et tous nos sentiments seront bien partagés.

Nous verrons, oh bonheur ! triompher la sagesse
Qu'un noble exemple donne aux zélés compagnons !
Et, réunis de cœur aux pieds de la déesse,   *bis.*
Nous saurons abjurer toutes dissensions.

L'olivier de la paix, cet emblème du sage,
Terrassera la haine et la rivalité ;
Car tous ne ferons qu'un dans le compagnonnage ;
Nous serons tous égaux : c'est la félicité.
Ne formons qu'un faisceau sur le beau Tour de France ;
Soyons tous resserrés par un sacré lien ;
Amis ne tardons pas, formons vite alliance,   *bis.*
Nous serons applaudis de tous les gens de bien.

Vous, jeunes compagnons, remplis d'intelligence,
Au devoir, à l'honneur vous faites des serments ;
Travaillez au progrès, vous aurez de la France
Mérité de sa gloire par vos bons sentiments.
Suivez bien ces conseils, c'est d'un ami sincère
Qui voudrait abolir toutes divisions ;
Il ne cessera point de crier : soyons frères !
Son nom est l'Espérance pour tous les compagnons.   *bis.*

CHANSON (1859)

AIR : *C'est un beau rêve.*

Chers compagnons, le progrès vous rallie ;
Toujours unis, vous goûtez le bonheur.
En propageant cette philanthropie
Vous démontrez la franchise et l'honneur.

Vivez en paix au sein de la concorde
Et professez toujours l'humanité ;
Ne pensez plus à l'infâme discorde,
Soyez heureux par la fraternité.   *bis.*

Oui, déroulons une sainte bannière,
Et sous ses plis formons notre unité ;
Car notre siècle est celui de lumière.
Que le bonheur soit la réalité.
Propagez donc cette union si belle,
En secourant les loyaux compagnons.
Tendez à tous une main fraternelle :
Nos fondateurs ont dicté ces leçons.   *bis.*

Des préjugés éloignons la puissance ;
Soyons guidés par de bons sentiments ;
De tous devoirs demandons l'alliance ;
Unissons-nous et mêlons nos accents.
Que l'harmonie des corps que je révère
Fasse oublier toutes dissensions.
Qu'un travailleur parmi nous soit un frère.
Honneur, honneur, aux anciens compagnons. *bis.*

Amis jetons le cri d'indépendance ;
Ouvrons les yeux, la lumière apparaît ;
C'est en faisant la guerre à l'ignorance
Que nous aurons la concorde et la paix ;
Puis nous dirons : c'est le compagnonnage
Qui met au cœur l'amour de son prochain.
Aux fondateurs, amis, rendons hommage ;   *bis.*
Unissons-nous et tendons-nous la main.

Marchons, marchons, car déjà l'on commence
A réunir les anciens compagnons ;
Dans tous les corps aucune préférence,
Que la jeunesse suive bien les leçons.

Par ce chemin nous parviendrons, j'espère,
A ramener la foule dans nos rangs.
Qui nous promet cet avénir prospère ?
Le bon accord chez tous les devoirants !   *bis.*

Pardonnez-moi si ma muse est légère ;
Ce que je veux : la grande fusion.
Oh ! pensez-y, tout homme est notre frère ;
Je vois partout un frère, un compagnon.
Pour ces couplets je réclame indulgence,
Car il me sont dictés par la raison,
Et parmi vous mon nom est l'Espérance ;
Je suis cloutier de ma profession.   *bis.*

LA RÉGÉNÉRATION

AIR : *Noël ! Noël ! voici le Rédempteur.*

Entendez-vous la voix de la sagesse
Prêchant partout la paix et l'union.
Que désormais, par nos chants d'allégresse,
Nous élevions notre institution.
N'oubliez pas que tout homme est un frère ;
Ne méprisons jamais le travailleur ;
En poursuivant cette noble carrière,
Des compagnons vous faites le bonheur.   *bis.*

Vous avez tort de mépriser un frère,
Qui n'aura pas le même corps d'état :
Rangeons-nous donc sous la même bannière
Et disons tous : arrière le combat.

L'humanité est un devoir sur terre,
Qui doit former la parfaite union ;
Et toujours prêts à soulager un frère,
Voilà, voilà, le cœur d'un compagnon   *bis*

Le vrai devoir, mes amis, nous ordonne
De nous unir et n'être plus rivaux.
En son honneur tressons une couronne,
Pour amoindrir nos tourments et nos maux.
C'est un beau jour, celui qui nous rassemble :
Notre bonheur c'est la fraternité.
Rallions-nous et chantons tous ensemble :
Honneur, honneur à la sainte unité.   *bis.*

Ne traitez pas votre frère en esclave,
Ne changez pas votre v'e en tourments ;
Brisez la haine, ami qui vous entrave,
Unissez-vous par de bons sentiments.
Nos fondateurs verront là notre gloire
Qui passera à la postérité ;
Car ce sera la plus belle victoire
Qui formera notre Société.   *bis.*

Oui, c'est l'amour pour le bien de mes frères
Qui m'inspira cette faible chanson ;
Chez le cloutier je connus les mystères.
En m'élevant au rang de compagnon,
On me donna le nom de l'Espérance,
En me disant : sois compagnon d'honneur,
Ce que je fus, faisant le Tour de France,
En observant les lois du fondateur.   *bis.*

CHANSON

EN L'HONNEUR DE LA PREMIÈRE FÊTE DE RÉCONCILIATION
DE LA SOCIÉTÉ DES ANCIENS COMPAGNONS
DES CORPS ET DES DEVOIRS RÉUNIS DE LA VILLE
DE SURGÈRES

AIR : *Mon âme à Dieu.*

Chers compagnons, l'exemple de nos frères
A fait de nous des hommes dévoués ;
Ensemble il faut joindre nos trois bannières,
Suivons toujours la marche du progrès.
Cette union, amis, est la plus belle :
Tous réunis, voilà l'égalité.
Chantons toujours d'une voix fraternelle,   *bis.*
Notre devoir veut la fraternité.

Secourons-nous puisque nous sommes frères ;
Tous les devoirs sont enfin réunis ;
Brisons les liens qui séparaient nos pères,
Et que tous corps parmi nous soient admis.
Égalité, oh ! toi qui m'es si chère,
Abolis donc cet ancien préjugé,
Et de ton trône exauce ma prière,   *bis.*
Fais donc ainsi pour la fraternité.

Bénissons donc cette triple alliance
Que le bonheur par nous soit mérité ;
Et désormais, pour nous plus de souffrance,
Nous attendrons ainsi l'éternité.

Soyons heureux de tous nous reconnaître
En professant toujours la charité ;
Heureux moments qui vont faire renaître   *bis.*
Les jours heureux de la fraternité.

Combien de nous, jadis pleins de rudesse,
De la sagesse, en suivant les leçons,
Ont vite ouvert leur cœur à la tendresse
Et leurs deux bras à toutes professions !
Tout travailleur n'est-il pas notre frère ;
Pour être heureux il faut l'humanité ;
Tous les métiers sont utiles sur terre ;   *bis.*
Ils ont donc droit à la fraternité.

Quel jour heureux où notre cœur s'anime,
En rejetant les erreurs du passé ;
Quel dévoûment, l'élan en est sublime ;
Admettons donc pour tous l'égalité.
Et, maintenant, plus de prépondérance,
Ne faisons tous qu'une société,
Et, croyez-en votre ami l'Espérance,   *bis.*
Qui fait des vœux pour la fraternité.

DISCOURS

PRONONCÉ A LA PREMIÈRE FÊTE DE RÉCONCILIATION
DES ANCIENS COMPAGNONS DES CORPS
ET DES DEVOIRS RÉUNIS DE LA VILLE DE SURGÈRES
MAI 1866

———

T. C. F. E. A.

Cette fête me rappelle des souvenirs que je n'ai pas la force de repousser ; de pareilles émotions *étouffent* ce qu'il y a de mauvais dans l'âme et ne laissent subsister qu'une invincible reconnaissance pour les amis du progrès réunis ici, et pour tous ceux qui, comme nous, forment des sociétés cherchant à ramener dans la bonne voie les jeunes compagnons en activité en leur faisant oublier les erreurs du passé.

Si nous avons établi cette société, c'est à l'exemple des frères des villes de Villefranche, Lyon, Vienne (Isère), Mâcon, Châlons-sur-Saône et autres ; si nos efforts ne sont pas inutiles et sont compris, nous allons voir chaque chef-lieu de canton suivre notre exemple.

Notre tâche est rude ; mais ne perdons pas espoir, un jour viendra où tous les compagnons feront leur possible pour atteindre le but si légitime de notre union qui est celui de la fraternité.

Il paraît étrange, à certains compagnons retirés et à la plupart de nos sociétés actives, que le but que nous nous proposons soit de ramener toutes les sociétés compagnonniques et n'en faire qu'une.

Eh bien, mes amis et mes frères, rappelez-vous que

ma prédiction s'accomplira. Je ne vous préciserai pas l'époque, car l'instruction manque encore dans nos sociétés ; mais avec tous les cours d'adultes qui se montent, prochainement, je l'espère, nous arriverons à notre but.

Déjà, les querelles sont abolies, on se voit même sans haine ; c'est donc un pas vers le progrès, et quand la France sera formée en sociétés d'anciens compagnons de tous corps et de tous devoirs, les sociétés actives reconnaîtront qu'elles ont perdu un temps précieux pour arriver au progrès en méconnaissan. les frères des autres corporations.

Loin de ma pensée de condamner tous les jeunes compagnons actifs : il en est qui ont une inspiration vraie pour le progrès, mais malheureusement le nombre en est petit, et c'est pour cela que l'on avance peu ; car, encore aujourd'hui, la majorité, chez nos sociétés actives, vit avec les préjugés de nos ancêtres.

Travaillons donc avec courage, nos efforts ne seront pas perdus. La vérité sera complète quand elle se fera jour à travers ces erreurs obscures qui régissent une grande partie de nos sociétés actives. Que les jeunes compagnons fassent un retour sur eux-mêmes : l'avenir se lève ; un grand nombre d'anciens compagnons retirés ont de la sympathie les uns pour les autres. L'expérience qu'ils ont acquise par l'âge ou par les événements en ont fait des amis de l'humanité.

Suivez donc leur exemple, mettez de côté l'indifférence, rapportez-vous à leur jugement, reconnaissez pour frères les compagnons de tous les corps et de tous les devoirs, et vous aurez gagné l'amour du prochain en faisant naître le germe de l'humanité dans le cœur de nos sociétés actives.

Quelle belle journée que ce rapprochement ! Combien de cœurs débordent de joie en voyant que cette réconciliation a été si bien comprise ! Quelle satisfaction pour ceux qui nous ont montré cette route, de voir des frères qui, autrefois, s'entr'égorgeaient, aujourd'hui se serrent la main en se jurant une amitié éternelle.

Soyons fiers d'avoir aidé à cette réconciliation. Point de haine contre ceux qui, encore aujourd'hui, méconnaissent nos nobles idées ; au contraire, continuons à leur donner le bon exemple, et un jour viendra où tous se rangeront sous notre bannière. A ce moment, ils diront que nous étions dans le vrai en reconnaissant toutes les corporations, et qu'en ne s'associant pas à notre noble entreprise, ils ont méconnu des frères de leur même sang ; mais qu'aujourd'hui ils font abnégation de toutes ces haines et de toutes ces rancunes pour resserrer les liens indissolubles de la fraternité.

Que voulons-nous ? Le progrès dans toute sa grandeur, afin que nos sociétés actives mettent de côté toutes les absurdités qui font mépriser le compagnonnage.

Ce jour viendra, croyez-moi ; mais pour cela jetons le cri de réconciliation ; et, à notre exemple, dans bon nombre de petites localités, les compagnons dévoués à la cause du progrès se formeront en sociétés, et par ce moyen, feront revivre notre beau compagnonnage si florissant autrefois.

Mes amis, ne nous croyons pas plus les uns que les autres ; faut-il, parce que nous avons tel ou tel état, que nous méprisions ou jurions haine aux hommes d'un autre métier qui vaut bien le nôtre, puisque tous les métiers sont utiles ?

En agissant ainsi nous rabaisserions la classe ouvrière qui devrait être si grande et si noble par le cœur.

Quand la révolution de 89 est arrivée, qu'a-t-elle fait?
Elle a fait de nous des hommes libres.

En nous donnant la liberté de pensée et d'action, elle
nous a élevés au rang que nous devions occuper par
notre intelligence. Après ce jour, plus d'esclavage ; nous
nous sommes trouvés au même rang que ceux qui nous
traitaient en esclaves.

Nous avons tous approuvé ce revirement, parce qu'il
nous élevait et nous rendait libres, et aujourd'hui nous
serions assez égoïstes pour nous croire plus que ceux
qui sont autant que nous, et nous ne ferions pas aux
autres ce qui nous a été fait.

Eh bien! non, pas d'égoïsme! reconnaissons toutes les
professions et tous les devoirs. Ne sommes-nous pas
tous frères, tous fils d'un même père, et n'avons-nous
pas tous autant de droit à sa tendresse ?

Espérons que certains compagnons, qui proclament aujourd'hui que nous nous abaissions en propageant cette
belle réconciliation, viendront un jour nous demander à
s'associer à notre œuvre. A ceux-là disons bien que lorsqu'ils reconnaîtront leur erreur, ils pourront venir, nous
les accepterons toujours avec plaisir, et nous verrons
luire ce jour-là avec bonheur. Nous serons convaincus
une fois de plus que nous n'avons pas été les derniers à
vouloir le progrès et la fraternité.

Compagnons de tous les corps et de tous les devoirs,
pensez à la grande fusion, rangez-vous tous sous la
même bannière, sans orgueil et avec de bons sentiments;
soyez utiles à l'humanité, faites du bien partout et
toujours, ne restez pas isolés. Voyez les compagnons,
entretenez-vous souvent de nos sociétés, ce sera le vrai
moyen de donner de l'émulation, du dévouement et
l'amour du progrès.

Qu'il serait beau et grand s'il n'existait plus de haines, si tous se tendaient la main, si tous se traitaient en frères, si enfin tous se juraient une amitié durable.

Le plus beau devoir sur la terre c'est de tendre la main à celui qui souffre, de le soulager et de lui venir en aide par tous les moyens en notre pouvoir, sans toutefois blesser son amour-propre!

Eh bien, chers frères, c'est ce que nous faisons aujourd'hui : en nous formant en société de secours mutuels, nous soulageons celui qui souffre, nous lui venons en aide dans sa maladie, et, si le malheur voulait qu'il ne se remette pas, il aura toujours la consolation de mourir avec la certitude que ses frères l'accompagneront jusqu'au dernier moment et feront tout pour soulager la veuve et l'orphelin.

C'est le cœur ému qu'un frère dévoué vient de vous exposer ses idées et le désir qu'il a que tous les compagnons voient dans la formation de notre société un but de fraternité, de réconciliation et d'humanité.

DISCOURS

PRONONCÉ A LA FÊTE DE NIORT, LE 15 AOUT 1866
PREMIER PAS AU PROGRÈS DE LADITE SOCIÉTÉ

MES FRÈRES,

Membres de la Société des Anciens Compagnons de tous Corps et de tous Devoirs réunis de Surgères, nous venons, mes amis et moi, répondre à l'invitation qui nous a été faite par votre Société, comme délégués.

Au nom de notre Société nous vous remercions de votre bonne invitation ; nous sommes heureux de nous trouver dans une aussi noble réunion pour briser ensemble le pain de la fraternité.

Permettez-moi de vous dire ma pensée au sujet du compagnonnage ainsi que des sociétés d'anciens compagnons existant déjà.

Il y en a qui sont formées en secours mutuels et qui réunissent dans leur sein tous les Corps et tous les Devoirs.

C'est à cet exemple que les anciens compagnons de Surgères se sont formés en société, et je vous prie de croire qu'ils n'ont qu'à s'en louer ; ils se trouvent heureux d'avoir suivi l'exemple de plusieurs autres villes.

Aujourd'hui, plus de vingt villes réunissent tous les Corps et tous les Devoirs. Ces diverses sociétés, jadis ennemies, ont fait un traité de paix en mettant de côté les vieux préjugés qui, bien souvent, ont fait mépriser et fait rire du compagnonnage.

Rien n'est-il aussi beau que ces réunions où l'on fait abnégation de toute haine, de toute rancune pour resserrer ensemble les liens indissolubles de la fraternité.

Il ne faut pas se le dissimuler, le compagnonnage serait la plus belle société du monde s'il était bien compris par tous ses membres ; mais malheureusement une grande partie des compagnons actifs demeurent avec les préjugés et ne veulent pas suivre les bons exemples que leur donnent les anciens.

Le progrès marche pourtant à grands pas : pourquoi ne pas le suivre; nous ne ferions cependant que nous conformer aux vraies paroles de nos fondateurs qui ont proclamé cet axiome : Aidez-vous les uns et les autres. Ce n'est pas en se méprisant que l'on s'aide, mais bien en se tendant la main, en soulageant celui qui souffre, en ramenant dans la voie de l'humanité celui qui, par erreur, voudrait conserver ces vieilles rancunes, que nos mœurs, notre civilisation repoussent, qui travestissent le véritable but du compagnonnage et en font une société d'égoïstes.

De quel droit s'estimer plus les uns que les autres: ne sommes-nous pas tous des hommes? Faut-il, parce que la destinée nous attire vers une profession quelconque, que nous nous trouvions bannis et repoussés par des camarades, des voisins, des parents et même des frères, parce qu'ils ont un autre métier que le nôtre? Vous voyez comme moi que ces principes ne sont pas ceux de l'équité, de la justice. Partout on rencontre des hommes de cœur, honnêtes et intelligents.

Ce n'est pas une raison, parce que nos ancêtres ont repoussé les hommes de certains corps d'état, dans un temps de luttes, pour que de nos jours, en plein XIXe siècle, nous ne les admettions pas parmi nous ; s'il en

était ainsi, nous aurions doublement tort. J'ai l'espoir
que les idées de haine vont être remplacées par des idées
d'entente et de concorde, qu'avec l'exemple des anciens
compagnons les sociétés actives rentreront dans la bonne
voie en reconnaissant tous les corps d'état et en regar-
dant comme frères les compagnons des autres devoirs.

Les anciens corps ont un beau rôle, une belle place à
prendre dans les annales de nos sociétés, et de plus, ils
rendraient un immense service à la classe ouvrière.

Qu'ils fassent donc appel aux corps méconnus jusqu'à
présent ; qu'un traité de paix vienne mettre fin aux querelles et aux discordes : ce sera le plus bel avenir du
compagnonnage. Nous avons toujours repoussé les corps
d'état quand ils nous demandaient à juste titre à être
membres de notre famille ; c'est donc à nous, à notre tour,
d'aller au devant d'eux, de leur tendre la main de bon
cœur, sans arrière-pensée, de mettre de côté l'orgueil ;
notre union sera plus forte ; car, vous le voyez comme
moi, si l'on continue à vouloir en faire une société
d'égoïstes, ce sera la ruine du compagnonnage : la réconciliation est donc indispensable.

D'autres sociétés sont formées, n'admettant pas dans
leur sein tous les corps et tous les devoirs. Il y en a dans
ce nombre qui se sont constituées avant qu'il soit question
de cette réconciliation ; mais j'ose espérer qu'elles prendront l'exemple de toutes les villes qui veulent le bien
de la classe ouvrière en général, et du compagnonnage
en particulier.

La ville de Niort est de ce nombre, et nous voyons
avec infiniment de plaisir qu'aux premiers cris de réconciliation poussés par des villes voisines, un pas s'est fait
vers la fraternité ; les cœurs s'émeuvent aux actes d'humanité, et bientôt, nous l'espérons, tous les bras s'ou-

vriront à ceux qui ont été si longtemps méconnus et qui viendront grossir le nombre des sociétés des corps et des devoirs réunis qui existent en France, et qui déjà correspondent toutes ensemble.

Honneur donc à vous, compagnons de Niort, qui voyez que le moment est arrivé de multiplier ces sociétés pour le bien des jeunes compagnons. Nous ne verrons peut-être pas arriver la réconciliation générale, comme nous la désirons, mais les paroles que nous semons auront porté des fruits et nos enfants pourront un jour en profiter.

A l'œuvre donc, que tous les compagnons amis du progrès et de l'humanité s'associent pour prêcher la morale et la concorde à ceux qui sont encore fanatisés de nos vieux principes; ils trouveront de la résistance, du mauvais vouloir; mais qu'ils ne s'arrêtent pas, car en persistant avec modération, dévouement, prudence et douceur, il feront des prosélites et par ce moyen auront bien mérité du compagnonnage.

D'autres villes cherchent aujourd'hui à se former en sociétés en faisant des partialités; je n'ai pas encore entendu dire qu'elles aient réussi; ce qui nous fait voir, une fois de plus, qu'il ne doit pas exister de différence, et que nous serions tous heureux si la sympathie existait dans nos sociétés.

Marchons donc au progrès et, pour cela, jetons un voile funèbre sur ces temps d'erreur; l'ambition des vrais compagnons doit être de détruire tous les préjugés: il faut donc bien se convaincre que tous les hommes se valent. Détruisons les rivalités des corps d'état, ils sont tous aussi utiles les uns que les autres. Que tous les anciens compagnons se rallient et donnent l'exemple de la fraternité et de la concorde, car il est temps d'aplanir les

difficultés qui ont depuis longtemps entravé la marche
de l'avenir du compagnonnage.

Croyez-vous que l'heure n'est pas venue de faire disparaître totalement les abus. Quel étrange aveuglement que
les hommes aient été aussi longtemps à comprendre qu'ils
étaient faits pour s'entr'aider et non pour se détruire.

Du reste, les sociétés d'anciens compagnons sont appelées à régénérer le compagnonnage, à le vivifier et à
en faire une société modèle.

Si mes vœux pouvaient s'accomplir, quel bonheur !
quelle douce consolation pour moi de voir le compagnonnage s'agrandir en raison, en bien-être et en immortalité. Je serais heureux de voir triompher la vraie égalité :
plus de distinctions, plus de haines, plus de rancunes,
et, à la place, ne voir qu'une grande famille qui, par son
entente relèverait toute idée de critique en faisant
triompher notre juste cause.

Que cette union serait belle ! Nous pourrions écrire
sur les frontons de nos temples cette inscription si
juste :

HUMANITÉ, ÉGALITÉ, FRATERNITÉ.

Ces préceptes, bien suivis, seraient un vrai devoir et
rendraient le compagnonnage immortel.

DISCOURS

PRONONCÉ A LA DEUXIÈME FÊTE DE RÉCONCILIATION
(ANNÉE 1867) DE LA SOCIÉTÉ DES ANCIENS COMPAGNONS
DE LA VILLE DE SURGÈRES

MES AMIS, MES FRÈRES,

Il y a un an à pareille époque, nous célébrions notre fête en l'honneur de la formation de notre société ; quoique peu nombreux, tous les membres assistants étaient animés des sentiments d'égalité.

Le jour de l'anniversaire de cette fête est arrivé. Vous voyez, par l'enthousiasme de ceux qui sont assis à ce banquet fraternel, qu'elle n'est pas moins brillante que la précédente, ce qui nous montre encore que vous tous ici-présents avez eu la généreuse pensée de vous associer à nous pour venir faire flotter l'étendard de la réconciliation.

Depuis notre fête nous avons appris que plusieurs autres villes s'étaient, comme nous, formées en sociétés de tous corps et de tous devoirs ; d'autres sont en voie de formation ; une ville même très-voisine est de ce nombre, ce qui nous fait éprouver une grande satisfaction ; nous prions les compagnons de La Rochelle ici-présents de leur porter nos félicitations, et les souhaits que nous formons pour mener à bonne fin leur entreprise.

Vous voyez déjà dans l'avenir toutes ces villes se formant en sociétés pour réunir dans une seule et même famille tous les corps et tous les devoirs qui s'éloignaient jadis les uns des autres.

Honneur à vous, mes frères, qui venez vous joindre à nous, pour nous accoutumer à ne pas nous considérer comme isolés les uns des autres; soyez assurés que notre dévouement à la cause du progrès vivifiera ce beau compagnonnage dont les lois ont été méconnues depuis des siècles.

Contribuons chacun à l'œuvre commune, apportons tous notre faible savoir; si nous sommes doués d'énergie, si nous allons plus loin et plus vite que les autres dans la voie du progrès et de l'humanité, ne les rebutons pas, tendons la main à tous, surtout à la jeunesse mal éclairée; faisons tous nos efforts pour ramener dans la véritable voie ceux qui ont été mal inspirés jusqu'à ce moment; soyez certains que les jeunes compagnons qui ont des idées opposées aux nôtres pensent être dans le vrai, il faut donc persister à leur montrer par notre bon accord que nous marchons dans le chemin de la vérité.

Ce n'est pas les idées les plus opposées que nous avons le plus à combattre, mais bien l'indifférence.

C'est de l'indifférence que naît l'abandon de nos sociétés et qui souvent les fait mépriser.

Combattons donc cette indifférence, afin de surmonter ces erreurs qui sont les principales causes de la décadence de nos sociétés.

Allons, mes frères, tous autant que nous sommes, soyons guidés par de généreux sentiments, point de haines, point de rancunes les uns envers les autres; laissons, quand même, les idées libres, et le jour où nous aurons surmonté l'indifférence ce sera le plus beau de notre vie, car il amènera dans nos rangs une foule de frères que nous regardons aujourd'hui comme nos opposants et qui, réellement, ne le sont pas.

Nous avons un autre genre d'opposants systématiques

à nos idées fraternelles : ils veulent faire croire que nous prônons notre belle réconciliation pour que l'on parle de nous. C'est une erreur grossière ; si nous cherchons à propager nos idées fraternelles c'est :

1° Pour amener toutes les sociétés compagnonniques à ne faire qu'une ;

2° Pour que l'on vive en paix, et tous ensemble ;

3° Pour que l'on soit bon père, bon époux, car en sortant de nos réunions intimes on rentre chez soi le cœur satisfait, et la famille s'en ressent.

Notre but veut encore que l'on ferme l'oreille aux vexations des compagnons mal intentionnés qui, jaloux de la bonne marche et du progrès de nos sociétés, voudraient y attribuer un but d'orgueil pour entraver notre marche réconciliatrice.

Ne consumons donc pas les précieuses années de notre existence à rester dans cette indifférence qui est une des causes de tous les maux et de toutes les discordes qui existent aujourd'hui; mais cherchons toujours le moyen de donner de l'émulation aux compagnons retirés qui ne veulent plus s'occuper du bien à faire dans les sociétés compagnonniques.

Éclairons la marche à suivre par des publications, des comptes-rendus de fêtes et des progrès que font nos sociétés de réconciliation.

Beaucoup de compagnons ont l'air de douter du progrès que font nos sociétés. Que notre exemple éloigne ce doute, car le doute est un malheur qui fait souvent tomber dans l'ignorance.

D'où vient donc, me dira-t-on, qu'il y a tant de despotisme dans une grande partie de nos sociétés actives ?

C'est que malheureusement la plupart des membres manquent de charité; de là, désunion des cœurs.

La majeure partie des membres de notre association fait du compagnonnage une absurdité ; ils condamnent certains corps d'état et n'admettent pas qu'ils soient compagnons. Et de quel droit vouloir empêcher à des hommes honorables de se former en sociétés compagnonniques, faut-il donc les priver des douceurs de la fraternité !

Nos fondateurs n'ont-ils pas dit, et ne devons-nous pas répéter avec eux : *Aidez-vous les uns les autres*. Ce n'est pas en rebutant des hommes d'une bonne conduite que l'on s'aide, mais bien en leur prêtant notre concours à se former en sociétés de frères.

Quand les sociétés comprendront le compagnonnage de cette manière, il se relèvera grand et beau, aucun corps ne s'arrogera de droits l'un sur l'autre. Plus de droits de préséance : tous les compagnons seront au même niveau, chacun honorera et fera honorer sa société, et tous les membres de cette famille nouvelle professeront la fraternité, car ils auront des lois grandes, prônant la charité, l'amour du prochain, et en faisant du bien à leurs semblables, ils montreront qu'ils ont compris les idées de nos fondateurs, et que c'est semer la division dans la classe ouvrière que de ne pas vouloir faire partager les douceurs de cette fraternité à ceux qui veulent bien s'associer à notre œuvre.

Ainsi, mes frères, nous qui, dans nos réunions jouissons des bienfaits et des douceurs de la fraternité, faisons des vœux pour la multiplicité de ces sociétés.

ROMANCE FRATERNELLE

AIR : *La Dot de Thérèse.*

Mes vieux amis du Tour de France,
Tous réunis dans ce festin ;
Faites la guerre à l'ignorance ;
A tous les corps tendez la main,
Ayez des idées fraternelles
Et ne cherchez que la raison ;
Des vertus soyez les modèles,
C'est le devoir d'un compagnon.

REFRAIN.

Quand, retirés dans vos chaumières,
Vous contractez un heureux lien,
Songez que les hommes sont frères,
Toujours, toujours, faites du bien.

bis

Venez en aide à tous vos frères
Au nom de la fraternité ;
Rappelez-vous que nos mystères
Eloignent la rivalité.
Foulez aux pieds le despotisme
Qui détruit la société,
Et remplacez le fanatisme
Par des actes d'humanité.

Quand retirés, etc.

Pour arriver à la sagesse,
Pénétrez-vous bien du malheur ;
Votre cœur palpitant d'ivresse
Suivra le sentier de l'honneur.

Abolissez donc la discorde,
Par l'union, l'égalité,
Et que parmi nous la concorde
Fasse naître la vérité.

       Quand retirés, etc.

Dénaturer une loi sage
Est une erreur que nous faisons.
Vrais enfants du compagnonnage
Chassons loin les divisions.
Que tous les compagnons soient frères,
Et que dans nos réunions
L'on voit briller sur nos bannières
L'accord des corporations.

       Quand retirés, etc.

Abolissons donc ces misères
Et n'accusons pas le destin.
Enfants des villes, des chaumières,
Du progrès suivons le chemin.
Notre bonheur devient immense
Quand d'un frère on serre la main ;
Afin que le progrès s'avance,
Pour tous mortels soyons humain.

       Quand retirés, etc.

Cherchons un avenir prospère
Pour l'union des sociétés ;
Que l'ouvrier soit notre frère,
Portons nos pas vers le progrès.
Ouvrons nos yeux à l'évidence
Pour connaître la vérité ;
Unissez-vous à l'*Espérance*
Pour chanter la fraternité.

       Quand retirés, etc.

DISCOURS

PRONONCÉ A LA PREMIÈRE FÊTE DE RÉCONCILIATION
DE LA VILLE DE NIORT, LE 15 AOUT 1867

AMIS ET FRÈRES,

Il y a un an j'assistais à votre fête comme un des délégués de la Société des Compagnons réunis de la ville de Surgères. Le petit pas que vous aviez fait vers le progrès était pour nous un sûr garant de la grande œuvre que vous avez accomplie depuis cette époque en acceptant parmi vous des hommes honorables d'une profession qui, à tort, avait été repoussée de la grande famille compagnonnique.

Dans les quelques paroles que je vous avais fait entendre je disais, et avec raison, que les compagnons de Niort ne pouvaient pas rester en arrière; un bon nombre de ces braves cœurs l'avaient déjà compris, et nous sommes heureux de constater que notre dernière fête a porté des fruits, car nous avions réuni parmi nous les deux partis compagnonniques qui ne se voyaient pas comme tels dans leur lieu d'habitation.

Mais aujourd'hui, que vous ne faites qu'un, mettez-vous à l'œuvre, et que de votre union sorte des actes de charité, d'humanité et de fraternité.

Vous, compagnons nouvellement admis, aidez ces bons cœurs de votre concours ; par vos connaissances compagnonniques et vos idées de progrès propagez cette réconciliation vraiment belle ; apportez dans votre corps respectif ces nouvelles maximes, ces idées nobles,

sages et fraternelles. Car, ce n'est pas seulement en vous occupant de nos sociétés de compagnons retirés que nous ferons du bien à la classe ouvrière, mais en faisant disparaître de nos corps d'état les mauvaises choses qui, malheureusement, existent encore dans nos règlements comme dans tous les corps en général; et le jour où ces absurdités disparaîtront, le compagnonnage renaîtra grand et beau; il sera une société modèle, une seule et grande famille qui embrassera tous les corps et tous les devoirs.

Il faut aussi faire abnégation de tous les droits de primauté que certains corps veulent s'arroger sur les autres; ne sommes-nous pas tous frères? Eh bien! pourquoi se croire plus les uns que les autres; quand un père meurt, s'il y a plusieurs enfants, peuvent-ils être partagés d'une manière différente? Non, on ne reconnaît ni premier ni dernier; il faut qu'il en soit ainsi dans le compagnonnage.

Dans un temps où le droit d'aînesse était en vigueur j'admets, puisque telle était la loi, que les premiers corps formés en compagnonnage en profitassent, mais il y a longtemps que cela n'existe plus, et je ne conçois pas pourquoi les compagnons qui veulent être hommes du progrès continuent à faire valoir ce droit, qui engendre tant de haines et de discordes.

Le seul et vrai moyen de sauver la société, c'est de tendre la main à tous ceux d'une conduite honorable qui veulent en faire partie; rendons-les des sociétaires dévoués, et cela par nos bons exemples et par des lois sages; fraternisons tous ensemble, comme nous le faisons aujourd'hui, sans arrière pensée, puisque, au point de vue de l'humanité, nous avons tous la même valeur.

Ayons de l'énergie pour faire triompher nos idées de

réconciliation, car si les anciens compagnons, amis de l'humanité, laissent prendre le dessus aux jeunes gens imbus de ces principes aristocratiques, ce sera mettre le compagnonnage sur la pente directe de sa décadence.

Il est à déplorer, je dirai même qu'il est incompréhensible, qu'une grande partie des jeunes compagnons (surtout dans certains corps) veuillent rétrograder, et s'accordent plus de mérite que d'autres ouvriers qui ont reçu une instruction égale et qui, souvent, les dominent sous le rapport de l'intelligence. C'est vraiment railler l'humanité.

Anciens Compagnons de tous corps et de tous devoirs, rapprochez-vous : ce rapprochement portera ses fruits ; une nouvelle génération comprendra le vrai compagnonnage et fera disparaître toutes ces idées despotiques. Et qui aura aidé à cette réorganisation ? nous, anciens, qui voyons un peu plus clair que ceux qui veulent être sans que les autres soient. Ce sera un beau jour que celui de l'inauguration de ces grandes idées, et une grande satisfaction pour ceux de nous qui le verront.

Il est temps qu'il se fasse une révolution dans nos institutions. Pourquoi resterions-nous en arrière. Comprenons enfin qu'une grande partie des sociétés actives veulent suivre le progrès pour tout ce qui n'est pas compagnon, et laisse en arrière le progrès compagnonnique ; c'est vraiment déplorable. Pourquoi les compagnons actifs n'apporteraient-ils pas des améliorations dans leurs sociétés, puisque ce sont eux qui entravent cette marche nouvelle.

C'est donc à nous de persister à leur montrer le bon exemple, d'employer tout notre savoir et toute notre influence pour leur faire comprendre que nous ne sommes

plus dans un siècle de barbarie, mais bien dans un siècle de lumière et d'avenir.

Plus on y réfléchit et moins on comprend les idées des jeunes compagnons, dans certains corps d'état surtout ; ils consentent bien à profiter de toutes ces nouvelles choses qui se créent et qui sont à leur avantage : augmentation du prix de la journée, réduction de deux heures de travail par jour dans bien des villes. S'ils apportent quelque amélioration dans leur industrie, ils veulent bien profiter de la récompense que peut leur accorder la décision d'un jury. Mais pourquoi un gouvernement propage-t-il les Expositions? C'est afin de donner de l'émulation à la classe ouvrière, de remplacer la routine par de nouvelles inventions plus avantageuses à l'industrie et qui, toutes en partie, sont au profit des classes qui travaillent. Et quand il s'agit de nos sociétés compagnonniques, ce qu'il y a de plus beau, et ce qui est aussi utile que toutes ces nouvelles inventions, puisque tout ce que nous faisons est pour apprendre aux hommes à être bons, sages et humains envers leurs semblables ; eh bien! dis-je, quand il s'agit de l'amélioration à apporter dans nos sociétés, ils refusent tout changement ; ils s'obstinent à rester en arrière, et par conséquent à méconnaître le progrès.

Ils ne veulent pas, disent-ils, défaire ce qu'ont établi leurs ancêtres. Qu'ils réfléchissent donc que nos ancêtres vivaient dans un autre temps que celui-ci, que leurs réglements étaient faits pour leur époque et non pour la nôtre. Si, à mesure que le temps a marché, on avait vu disparaître toutes les absurdités qui existent dans nos réglements, si on les avait remplacées par de nouvelles choses, c'eût été suivre le progrès, et aujourd'hui il y aurait peu à modifier, car cela nous aurait

habitués à être de notre époque. Mais non, on est
resté avec les vieilles institutions, on a fait mépriser
le compagnonnage, on l'a fait tourner en ridicule. C'est
un changement général qu'il y a à opérer, ce qui sera
assez difficile ; mais nous y parviendrons, croyez-moi.
N'avons-nous pas dans notre contrée deux nouvelles
villes qui viennent de se constituer en société de réconciliation : c'est d'un bon augure pour l'avenir de nos
institutions.

Compagnons de Niort qui, maintenant, êtes formés en
sociétés de tous corps et de tous devoirs, c'est à vous de
marcher, c'est à vous d'aider de vos idées les sociétés
déjà formées, à bien vous entendre dans votre ville. Allez, le plus souvent possible et de franche amitié, aux
réunions ; car parmi nous il ne doit pas y avoir d'arrière-
pensée ; en agissant ainsi vos travaux porteront leurs
fruits, et vous aurez bien mérité du compagnonnage.

En dehors de vos sociétés vous trouverez des opposants
qui feront leur possible, par leurs mauvais conseils, pour
mettre la discorde parmi vous. Méfiez-vous de ces gens-
là ; ils ne reculeront devant aucune platitude pour
satisfaire la haine qu'ils vouent aux compagnons amis
du progrès, et la jalousie qu'ils éprouvent à voir que
nous sommes approuvés de la masse en général, et
qu'ils passent pour être de mauvaise foi ou manquer
d'intelligence.

C'est donc à vous de vous tenir sur vos gardes; il faut
que vous fassiez abnégation de toutes ces haines et de
toutes ces discordes qui existaient autrefois entre corps
d'état ; regardez-vous tous en frères, prêchez la concorde,
ramenez dans le sentier du progrès celui qui seulement
s'en écarte, soyez bons, charitables envers vos semblables,

rappelez à l'ordre celui qui s'écarterait du vrai but de
nos sociétés, et pour cela employez la sagesse et la prudence. Avec ces deux vertus vous parviendrez à les convaincre ; donnez le bon exemple ; n'ayez de haine pour
personne, vous montrerez que la raison et le bon droit
sont de votre côté. Nous prouverons aussi par notre per-
sistance et par notre courage, que nous sommes animés
de généreux sentiments ; et dans un temps plus reculé,
nos opposants viendront à coup sûr se ranger sous notre
bannière.

Quelle belle journée que celle qui réunira dans un
seul faisceau toute la classe ouvrière. Ce sera la récompense des compagnons qui auront travaillé à cette grande œuvre.

Ainsi, Frères de Niort, mettez du dévouement à répandre ces idées nouvelles ; remuez surtout les compagnons d'intelligence et de conviction qui veulent rester
neutres ; ils peuvent avoir de belles et bonnes idées, mais
ils ne se donnent pas la peine de les propager. C'est un
grand tort, car s'ils savaient le bien qu'ils peuvent cau-
ser à la classe des travailleurs et au compagnonnage, ils
n'hésiteraient pas à se mettre de suite à l'œuvre, et ils
en seraient bientôt récompensés par les progrès qui s'ac-
compliraient pour la grandeur du compagnonnage.

En restant dans l'isolement, les compagnons seront
malheureux un jour : c'est quand les forces leur manqueront qu'ils découvriront leur erreur, et alors qu'il sera trop tard pour la réparer.

Compagnons, aimez-vous ; aimez le progrès ; aimez
tout ce qui est juste et bon ; suivez les principes d'humanité, et nos sociétés actives qui menacent de disparaître
se relèveront par une foi nouvelle.

Ne vous lassez donc pas de faire de la propagande par des invitations à vos fêtes, des comptes-rendus, des publications signalant la marche du progrès, et de tous les imprimés qui auront pour but de propager la réconciliation qui veut ne faire qu'un de tous les devoirs.

DISCOURS

PRONONCÉ A LA PREMIÈRE FÊTE DE RÉCONCILIATION DE LA VILLE DE LA ROCHELLE, LE 13 OCTOBRE 1867

MES AMIS ET FRÈRES DE LA ROCHELLE,

Que de satisfaction, que de bonheur vous devez ressentir de vous voir réunis à ce banquet pour briser tous ensemble le pain de la fraternité !

Je vais essayer de vous tracer l'impression que produisent sur moi ces nobles et belles réunions, et je suis persuadé que cette impression est la même que vous éprouvez, car je vois le même attendrissement peint sur tous les visages, la même joie briller dans tous les yeux.

Les compagnons de La Rochelle nous font voir, eux aussi par la Société qu'ils viennent d'établir, que leur cœur s'est ému à la seule pensée que tous les hommes sont frères et qu'ils ne doivent plus former qu'une seule et même famille.

Les compagnons d'autrefois n'étaient-ils pas hors la raison de se mépriser, de se haïr. Aujourd'hui, grâce au progrès et à l'instruction, ces hommes sont devenus plus sages, un grand nombre ont pensé qu'il était temps de former cette chaîne de morale qui unit l'homme à l'homme, qui doit joindre le travailleur au travailleur.

C'est cette union, mes frères, qui fera la force du compagnonnage.

Ces fêtes annuelles, que chaque ville formée en société de réconciliation célèbre tous les ans, amèneront dans nos rangs une foule de jeunes gens qui, sur le point de voyager, se rappelleront qu'une société d'anciens compagnons existe dans leur ville, voudront en faire partie, car ils y auront pour exemple, l'humanité, la charité et la fraternité que nos sociétés d'anciens compagnons réunis savent si bien pratiquer.

On a fait, mes frères, de longs reproches, mêlés de quelque amertume, au compagnonnage ancien, pour ses querelles et son despotisme ; à nous de relever cette accusation, à nous de montrer au public que le compagnonnage est établi pour s'aimer et se secourir, et non pour se déchirer et se haïr.

La formation de nos sociétés a pour but d'unir les hommes afin de les rendre utiles à l'humanité : plus on est isolé, plus on est indifférent ; donc ces sociétés sont aussi pour donner l'émulation aux compagnons, les rapprocher, et arriver à faire du compagnonnage une société modèle qui devra toujours suivre le mouvement du progrès.

Si nos efforts ne sont pas couronnés de succès, d'autres après nous reprendront notre tâche et arriveront au but que nous poursuivons, qui est celui de la réconciliation générale.

Quand ce but aura été atteint, les compagnons se verront mieux, ils s'aimeront et se rendront utiles à l'humanité.

Les vrais compagnons doivent considérer tous les compagnons, comme des frères, c'est le seul moyen de détruire les haines et les préjugés.

Compagnons, quel que soit ton métier, tu es mon frère, je t'aime, tu dois m'aimer, plus de haine entre nous, pratiquons la fraternité puisque nous sommes tous égaux aux yeux de la nature ; il doit en être ainsi dans le compagnonnage : nous devons prêcher et pratiquer l'union, la paix et la charité.

Oh ! quand les compagnons sauront reconnaître cette grande et sainte loi du travail, cette loi toute fraternelle, ils laisseront de côté ces idées aristocratiques, ils se dépouilleront de cet orgueil qui les aveugle, ils emploieront leur temps à rendre les hommes sages et humains ; et quand ils auront fait disparaître toutes ces haines du passé, ils verront chacun apporter sa pierre à l'édifice de l'avenir.

Un bon compagnon ne doit pas s'arrêter au travail de la profession qu'il embrasse, il doit aussi travailler moralement, s'instruire dans des principes justes et bons, et à mesure qu'il avancera ses connaissances, il y puisera le besoin d'instruire les autres ; nous ne devons plus être la société grossière d'autrefois, mais bien la société nouvelle, celle du progrès.

Honneur aux travailleurs ! Honneur à l'industrie ! Mais aussi honneur aux sociétés comme les nôtres qui sont établies pour donner à leurs membres la science, le travail et l'amour du prochain !

DISCOURS

PRONONCÉ A LA PREMIÈRE FÊTE DE RÉCONCILIATION
DES ANCIENS COMPAGNONS RÉUNIS
DE LA VILLE DE FONTENAY (VENDÉE), 13 AVRIL 1868

————

T. C. F.

En nous rendant à votre invitation, nous savions que nous allions assister à une de ces brillantes fêtes qui unissent l'homme en confondant tous les devoirs compagnonniques dans un seul, et cela par la formation de nos sociétés de tous les corps et de tous les devoirs.

Ce qui prouve l'utilité, le besoin de ces sociétés de réconciliation, c'est que tous les jours de nouvelles villes viennent s'y joindre.

Chacun de nous n'éprouve-t-il pas le besoin d'appeler frères et de tendre la main aux corps d'état qui, par esprit de haine et de vengeance, étaient repoussés de nos sociétés compagnonniques, sociétés qui auraient dû être toutes fraternelles et qui étaient toutes aristocratiques. C'est donc par la formation de nos sociétés de réconciliation que nous arriverons à ce but.

Ce qui en retient encore beaucoup aujourd'hui, mes frères, c'est le manque d'instruction ; mais quand cette instruction sera accomplie elle fera naître chez l'homme l'amour du bien qui conduit à la fraternité tous les compagnons, et à la concorde toute la classe ouvrière.

L'instruction amènera parmi nous la bienfaisance et le progrès ; c'est pourquoi nous devons nous attacher à

nous instruire dans des principes d'humanité et de charité. Soyons dévoués à nos sociétés, assistons à ces fêtes fraternelles autant que nos occupations le permettront. A la suite de ces réunions nous nous sentirons animés de meilleurs sentiments ; car nous y aurons puisé une foi nouvelle, ce qui mettra dans notre âme une ardeur plus vive à concourir à l'avenir du compagnonnage.

Nous atteindrons notre but qui est tout philantrhopique, quel que soit le chemin que nous prenions pour y parvenir, notre courage et nos idées au bien nous y feront arriver promptement en surmontant les obstacles qui pourraient se trouver sur notre passage.

Compagnons de Fontenay, vous voilà à l'œuvre, ne vous lassez pas : employez toute votre énergie, tout votre zèle, et surtout toute votre prudence pour arriver au progrès tant désiré par vos frères ici présents, ainsi que par tous les compagnons du progrès qui a pour but l'union de tous les devoirs et l'abolissement de tous les préjugés.

Quel que soit le métier que professe l'ouvrier, tendons-lui la main : n'est-il pas notre semblable et n'a-t-il pas autant de droits que nous à la fraternité.

Propageons nos principes d'égalité, et notre chaîne d'union, en s'étendant dans toute la France, ralliera tous les devoirs et mettra au cœur des compagnons l'amour du prochain.

C'est en professant de tels principes que nous verrons des compagnons partout où il y aura du bien à faire, des frères à soulager.

Je veux parler non-seulement de soulagement comme secours, mais aussi du soulagement moral : relever un courage abattu, tendre la main à celui qui souffre, ap-

porter des consolations à la douleur, voilà ce qui constitue les devoirs de l'amitié et de la fraternité.

En agissant ainsi vous sauverez souvent de la honte, parfois du déshonneur, des cœurs loyaux sur le point de se perdre par le manque de courage ou par l'accablement du malheur.

Compagnons de Fontenay, en vous formant en société de réconciliation, vous avez rempli nos cœurs d'espérance et de joie, et nous vous remercions de vouloir bien vous joindre à nous pour répandre en France notre association fraternelle, charitable, et humanitaire. Pour ne jamais faillir à notre devise pénétrons-nous toujours de l'amour du vrai, du juste et du bien.

DISCOURS

PRONONCÉ A LA TROISIÈME FÊTE DE RÉCONCILIATION
DE LA
SOCIÉTÉ DES ANCIENS COMPAGNONS DES DEVOIRS RÉUNIS
DE LA VILLE DE SURGÈRES (24 MAI 1868)

T. C. F.

Je suis heureux de constater que la prospérité de nos sociétés va toujours croissant.

Les villes formées en société de réconciliation se multiplient ; dans notre rayon quatre nouvelles villes s'y sont ajoutées depuis notre dernière fête : Niort, La Rochelle, St-Maixent et Fontenay ; les compagnons de ces localités ont compris le zèle que nous apportons

tous à la cause commune, qui fait chaque jour de nouvelles conquêtes ; tous ces généreux cœurs ont senti le besoin d'unir l'homme à l'homme en confondant tous les devoirs compagnonniques dans un seul, et cela par la formation de nos sociétés et par les fêtes que nous donnons chaque année.

Que les compagnons de ces villes, ici présents, reçoivent mes remerciements au nom de notre société pour le zèle qu'ils ont apporté à remplir une tâche aussi difficile. Comme nous, ils ont eu à combattre l'indifférence et les préjugés établis et, à force de courage et de persévérance, ils ont en grande partie surmonté ces obstacles qui, seuls, entravaient la marche nouvelle du compagnonnage appelé à donner le bien-être à la classe ouvrière laborieuse.

Par ce fait seul, nous allons détruire ces idées de haine ; elles seront remplacées par des actes tout fraternels et philantropiques, ce qui contribuera à nous traiter tous d'une manière égale en faisant disparaître les dernières traces d'animosité qui existent encore dans certaines sociétés actives, heureusement peu nombreuses aujourd'hui.

Ainsi, mes frères, soyons dévoués à nos sociétés ; nous avons besoin d'une entente cordiale ; ne contrarions pas les idées larges et le dévouement que veulent bien nous apporter ceux qui travaillent à la régénération du compagnonnage, ne leur faisons pas d'opposition mal fondée, car parmi nous il ne doit pas y avoir de parti pris, nous devons tous travailler dans l'intérêt commun, et s'il en était autrement, la discorde s'introduisant parmi nous, amènerait la chûte de nos sociétés et ferait rire, à juste titre, tous nos opposants. Si malheureusement il en était ainsi, il aurait beaucoup mieux valu ne jamais

s'occuper de réconciliation. Mais la volonté et le dévouement que nous apportons à cette belle et noble cause fera triompher de plus en plus la bonne marche et le progrès que nous avons faits jusqu'à aujourd'hui.

Travaillons de tout notre pouvoir, et avec une entente bien comprise, à cette régénération; ce travail engendrera chez nous l'amour du bien, forcera à pratiquer la fraternité chez tous les compagnons; ainsi régnera la concorde dans la classe ouvrière en général.

Faisons disparaître du compagnonnage le despotisme, les préjugés et les erreurs; rejetons loin de nous tout ce qui porte à la scission, tout ce qui entretient la haine et la jalousie, et ne pensons qu'à l'amitié qui nous donnera la satisfaction de serrer avec bonheur la main d'un frère, quel que soit son métier, quel que soit son devoir.

Marchons toujours en avant et fixons nos regards sur l'avenir qui est à nous et au progrès.

C'est en professant de tels principes, mes frères, que nous atteindrons le vrai but du compagnonnage.

C'est donc par la formation de nos sociétés que nous puiserons ce besoin d'être utiles aux autres. Nous engageons tous les frères ici présents de vouloir bien s'associer à notre œuvre pour répandre dans le compagnonnage nos idées humanitaires.

Unissons-nous donc et mettons à pratique ce vieux proverbe qui dit : *l'union fait la force*.

Travaillons tous d'un commun accord à cette régénération si belle; nos fils nous en sauront gré, car nous aurons developpé l'esprit de nos sociétés en propageant la justice et la concorde et en faisant de plusieurs sociétés rivales une seule et même famille qui aura pour but la fraternité.

DISCOURS

PRONONCÉ A LA FÊTE DE RÉCONCILIATION DE NIORT
LE 16 AOUT 1868

T. C. F.

C'est toujours avec un nouveau plaisir, une nouvelle satisfaction que j'assiste à ces réunions intimes où notre association est heureuse de voir se propager les idées fraternelles que les compagnons de Niort savent si bien pratiquer par leur entente et leur bon accord.

Nos sociétés de réconciliation se sont fondées sous d'heureux auspices ; les compagnons des villes qui suivent cet exemple ont déjà donné des preuves de leur zèle aux sociétés compagnonniques régénérées ; il faut remercier les compagnons dévoués qui ont apporté aussi promptement, par leurs bons exemples, cette transformation dans le compagnonnage.

Se reconnaître, à quelque état, à quelque devoir qu'on appartienne, se tendre la main, se prêter un mutuel appui, c'est là véritablement une des meilleure et des plus utiles applications des principes sur lesquels sont fondées nos sociétés de réconciliation.

Nous ne devons pas arrêter notre dévouement au compagnonnage ; il faut l'étendre sur la masse en général ; il ne faut admettre que des principes justes, c'est ce qui nous fera arriver promptement à l'amélioration des idées. Nous devons enseigner la morale et nous efforcer d'affranchir la classe ouvrière des préjugés et des vices.

Que la raison soit toujours la ligne droite de notre

conduite : depuis que nous pratiquons ces principes et depuis la formation de nos sociétés de réconciliation, nous voyons déjà l'entente s'établir et les liens de l'amitié se resserrer.

Elevons nos fils dans ces idées, pour qu'à leur tour, ils travaillent à la réorganisation du compagnonnage : la route leur étant tracée, ils la suivront parce qu'elle est celle de la concorde et de la raison.

La formation de nos nouvelles sociétés ressemble à un tourbillon qui va réunir tous les travailleurs ; de cette union sortira l'amélioration de notre institution qui, marchant vers un but commun, fera comprendre le progrès en nous donnant le bonheur de la fraternité.

Qui aurait pu prévoir, il y a 20 ans, que le compagnonnage aurait fait d'aussi rapides progrès ?

Cette réconciliation étonne beaucoup ceux qui sont imbus des vieux préjugés ; mais si leur carrière se poursuit encore quelque temps, ils seront bien plus surpris de voir ces préjugés entièrement détruits.

Continuons donc, quoiqu'il arrive, à travailler pour cette amélioration tant désirée : nous aurons le concours de tous les compagnons éclairés.

Ne nous lassons pas, quoique nous ayons contre nous des gens imbus d'erreurs, ennemis de notre cause. Soyez certains qu'ils n'oseront pas attaquer nos principes, car ils savent bien qu'aux yeux des hommes de progrès notre succès est assuré.

J'ai lieu de croire que nous sommes au-dessus de leurs atteintes et que notre amour pour des principes aussi justes fera disparaître de nos sociétés les discussions et les haines qui pourraient nous diviser.

Travaillons toujours, employons nos faibles moyens à améliorer cette pauvre classe ouvrière qui a tant besoin

qu'on s'occupe d'elle, et le jour où elle aura senti le besoin de se dévouer à éclairer son semblable, il n'y aura plus qu'une union : ce sera le compagnonnage, et tous ensemble, nous travaillerons au perfectionnement de l'humanité.

Pour commencer à rendre notre association solide il faut pratiquer la fraternité ; ce mot n'est-il pas tout un bien-être.

Aimons notre prochain, établissons la mutualité dans nos sociétés, c'est le moyen de lui être utile, et c'est un devoir sacré que nous devons nous imposer.

Plus de distinctions ! A quoi servent-elles ? A entretenir la haine entre nous.

Si un frère a plus de connaissances dans son métier, il faut s'en approcher afin de nous instruire et de profiter de ses conseils ; si, au contraire, il est moins instruit, ayons pour lui des égards au lieu de le mépriser ; nous devons nous efforcer de l'instruire, de le rendre bon, de le rendre digne de porter le nom de compagnon.

Vous le voyez, il faut que de notre union jaillisse le progrès compagnonnique ; combattons les préjugés, appaisons la haine, unissons les travailleurs, ce sera un grand bien que nous ferons et un grand service que nous rendrons à la classe ouvrière ; ces exemples la conduiront dans les bras du compagnonnage.

Pour travailler au bien-être de la société, il faut prêcher l'union, la paix et l'amour du prochain.

Laissons loin derrière nous, ce passé si triste qui a plongé tant de familles dans la douleur, ne pensons qu'à l'accord, et goûtons tous ensemble les douceurs de l'union et de la fraternité.

Faisons disparaître ces absurdités qui nous divisent et employons tout notre temps à nous aimer et à nous

entr'aider ; que nous soyons enfants de Jacques Soubise ou de Salomon, nous sommes tous égaux, et par ce seul fait, nous nous devons amitié et protection.

Que la justice préside à nos réunions, qu'elle ait pour base l'égalité ; en travaillant sous ses auspices, la fraternité s'établira parmi nous, et nous serons heureux d'avoir accompli un tel devoir.

DISCOURS

PRONONCÉ A LA FÊTE DE RÉCONCILIATION
DU PREMIER CONGRÈS COMPAGNONNIQUE DE L'OUEST
DONNÉ
PAR LES VILLES DE NIORT, SURGÈRES ET SAINT-MAIXENT
A NIORT LE 11 JUILLET 1869

MES AMIS ET FRÈRES

Les sociétés de Niort, Surgères et Saint-Maixent vous remercient du concours que vous êtes venus apporter au congrès compagnonnique qu'ils ont eu la faveur d'offrir aux sociétés compagnonnique de l'Ouest.

Cette brillante fête portera ces fruits ; car la France compagnonnique a les yeux fixés de notre côté ; elle aura connaissance et fera son profit des idées sages et fraternelles que l'on puise dans de semblables réunions.

Nos sociétés ont besoin d'une alliance comme celle que nous venons de former, car le zèle que nous apportons à l'amélioration du compagnonnage, se refroidirait bientôt en présence de dépenses multiples et d'un

dérangement de nos affaires, qu'un trop grand nombre de fêtes nous occasionnerait.

En disant trop grand nombre de fêtes, je ne parle pas du bon effet qu'elles pourraient produire, car jamais nous ne répandrons trop les principes de réconciliation ; mais c'est sous le rapport des dépenses et du déplacement, comme je viens de vous le dire, que notre zèle diminuerait, ne voulant pas négliger notre intérêt particulier.

L'alliance que nous venons de contracter est donc indispensable, et nous avons le ferme espoir que les villes voisines formées en sociétés viendront se joindre à nous, augmenter l'association compagnonnique, jouir des avantages réels que nous en retirons et des bienfaits dont nous aurons fait profiter les sociétés actives.

Compagnons ici présents, vous avez compris qu'il est temps de nous unir pour faire triompher une cause aussi juste.

Voyez comme le progrès s'est fait sentir sensiblement depuis quelques années, voilà plus de trente villes en France qui réunissent dans une seule société tous les corps et tous les devoirs ; il était grand temps pour l'avenir des compagnons, que le bon accord vienne détruire toutes ces rivalités.

Le grand mouvement est parti de Lyon, lors de l'appel fait au tour de France pour le banquet de réconciliation de 1864.

C'est depuis cette époque que les anciens compagnons ont senti chez eux revivre l'amour du devoir ; c'est aussi depuis ce moment qu'un grand nombre de ces braves cœurs se sont dévoués pour l'amélioration de cet état de chose. Nous devons tous nous réjouir à cette pensée que la formation de nos sociétés de réconciliation

cimentera parmi les sociétés actives l'union et la concorde.

Notre alliance, mes frères, a pour but d'unir les compagnons pour les rendre utiles à l'humanité ; nous voulons aussi, par le rapprochement, faire suivre le progrès ; en prenant la raison pour guide nous arriverons à combattre les préjugés qui entravent seuls la marche de nos sociétés de réconciliation.

Égalité, Fraternité et Amitié, n'est-ce pas la devise que nous devons tous avoir pour faire comprendre que nos sociétés compagnonniques ont été formées pour s'entr'aider et non pour se détruire.

Le progrès a mis ordre à bien des choses ; nous devons par notre entente montrer à tous les compagnons actifs et anciens que notre société n'a pas seulement un simple but de bienfaisance, mais qu'elle est encore fraternelle et progressive.

Notre but est de moraliser ceux qui s'écarteraient du véritable mobile de nos sociétés de réconciliation, qui est avant toute chose la justice, l'affranchissement de l'ignorance, des préjugés et des vices.

Travaillons afin que le progrès marche. A quoi bon ces distinctions de devoirs qui n'ont été formés que pour exciter la haine et les rivalités chez les ouvriers ; ceux qui ont institué ces diverses sociétés avaient intérêt à ce que les ouvriers soient désunis ; relevons donc le compagnonnage, en rejetant loin de nous ces querelles et ces batailles qui l'ont fait mépriser et qui l'ont perdu.

Aimer son prochain, lui être utile, le secourir dans ses infortunes, voilà la vraie loi que tout compagnon doit s'imposer.

Unissons-nous : de cette union naîtra le progrès ; mais pour y arriver il faut que les compagnons se détachent

des préjugés et des haines, qu'ils considèrent tout compagnon, à quelque devoir qu'il appartienne, comme son égal et son frère, puisque nous avons pour devise *Égalité, Fraternité.*

Le compagnonnage est appelé à s'élever, mais il lui faut la concorde, et c'est nous, anciens, qui devons, par nos efforts, montrer aux jeunes que la formation de nos sociétés de réconciliation amènera l'union, la paix et l'amour du bien.

Nous devons tous d'un commun accord, concentrer nos efforts à cette régénération, ouvrons la marche et entraînons avec nous par nos bons exemples et nos conseils, tous les jeunes compagnons qui, j'en suis certain, ont un cœur excellent et n'ont besoin que d'un seul mot d'encouragement pour venir se grouper dans nos rangs.

Jetons un voile sur le passé si triste qui nous a appris à connaître la désunion ; tâchons maintenant de goûter, par notre accord et notre entente, les douceurs de l'union et de la fraternité.

Faisons disparaître les discussions qui divisent les sociétés ; que notre exemple apprenne aux jeunes gens à s'aimer et à s'entr'aider, à quelque devoir, à quelque degré social qu'ils appartiennent ; nous sommes tous frères, et à ce titre nous nous devons amitié et protection.

Que nos sociétés soient basées sur une parfaite égalité, c'est le vrai moyen d'unir les compagnons, de les ramener aux idées de progrès que nous partageons tous ; nos fils nous tiendront compte de nos efforts, car l'accord règnera entre eux et ils béniront notre mémoire en poursuivant notre tâche et en accomplissant le travail que tous ici présents nous avons commencé.

CONSEILS A LA JEUNESSE

AIR : *Le retour au village.*

Jeunes gens, qui voulez faire le tour de France,
Suivez donc les conseils d'un ami généreux :
Il voudrait de tous corps former une alliance,
Pour que règne chez vous l'accord le plus heureux.

REFRAIN :

Et qu'un jour très prochain, l'union fraternelle,
Des anciens préjugés détruise les pouvoirs,
Et qu'un jour très prochain l'union fraternelle,
Des anciens préjugés (*bis*) détruise les pouvoirs.

Un jour, si vous portez ce beau titre de frère,
De nos trois fondateurs suivez bien les leçons,
Et si l'humanité guide votre carrière,
Vous serez du progrès les zélés compagnons.

Et qu'un jour, etc.

Plus de dissensions dans le compagnonnage,
La lumière apparaît, jouissons de ses rayons ;
Aux anciens compagnons, amis rendons hommage,
Ils nous montrent l'accord dans nos réunions.

Et qu'un jour, etc.

Soyez toujours humains, répandez la lumière ;
Par la fraternité, unissez tous les cœurs,
Car tout homme doit voir, dans son semblable un frère,
S'il veut de l'union connaître les douceurs.

Et qu'un jour, etc.

Que la fraternité, si longtemps méconnue,
Mette au fond de vos cœurs la pure égalité;
Que par la liberté la discorde vaincue,
Ne trouble plus la paix, dans la société.

Et qu'un jour, etc.

De soulager autrui, détruire l'ignorance,
C'est ce que fit toujours l'auteur de ces couplets ;
Parmi les compagnons, son nom est l'Espérance,
Détruire les abus, c'est encore des bienfaits.

REFRAIN

De tous corps contemplez l'union fraternelle
Qui va des préjugés détruire les pouvoirs ;
De tous corps contemplez l'union fraternelle
Qui va des préjugés (bis) détruire les pouvoirs.

DISCOURS

PRONONCÉ A LA FÊTE DE RÉCONCILIATION
DE COGNAC DEUXIÈME ANNÉE DE LEUR SOCIÉTÉ,
LE 24 AVIL 1870

T. C. F.

La fête que nous célébrons aujourd'hui est, pour tout
compagnon, une grande solennité, un jour de bonheur,
une preuve éclatante de l'estime que nous nous portons,
de l'amitié qui nous unit et de la paix qui règne parmi
nous.

A cette époque où les compagnons de tous corps et de tous devoirs se rapprochent, nos cœurs éclatent de joie, de plaisir et d'espoir.

Voyez cette fête, ce concours, cet empressement que chacun apporte; voyez la jeunesse, l'âge mûr et la vieillesse tous réunis; voyez tous ces métiers confondus qui cessent de se distinguer, qui se reconnaissent; ce rapprochement fait goûter à tous le délice de la plus touchante amitié.

Mes frères, c'est l'instruction qui est une des principales causes de cette réconciliation, c'est le progrès qui marche à pas de géant; le compagnonnage ne pouvait pas rester en arrière; aussi une légion de compagnons, amis du progrès, se sont mis à l'œuvre, et de leurs travaux est sorti la réconciliation qui, aujourd'hui, nous fait jouir du bonheur de la fraternité.

La fraternité! quel beau mot; il électrise les cœurs, il nous rappelle la sagesse de nos principes et le véritable but de notre association.

Honneur à cette fraternité qui unit tous les compagnons sans se connaître.

La science, le génie et le talent procurent à peine un peu d'aisance; la fraternité satisfait à tous les besoins, comme une ressource immense et universelle.

Qu'il mérite bien notre amour celui qui a fondé notre institution, dans le but de nous faire aimer les uns les autres. Nous sommes revenus aux principes établis à la formation du compagnonnage, et j'ose espérer que le lien qui existe maintenant parmi nous sera durable.

Avec cet esprit les compagnons ne connaîtront plus ni haine ni envie; ils se montreront tolérants et généreux, et, dans l'affection qu'il porteront à leurs semblables, ils prouveront à la France entière que la for-

mation de nos sociétés de réconciliation est utile à l'humanité et que le bien que l'on retire de nos fêtes met au cœur de tous les assistants l'amour du prochain. Continuons à mériter l'estime publique, transmettons à nos descendants, comme nous en avons reçu de nos ancêtres, des exemples de vertu, de bienfaits ; inculquons à tous les aspirants le désir de devenir frères, et à tous les compagnons l'envie et l'ardeur de propager dans toutes les sociétés compagnonniques les sentiments de fraternité.

Dans nos réunions on parle souvent de vertus à pratiquer ; non-seulement il faut s'occuper de celles dont je viens de parler, mais il en est une autre que nous ne devons pas oublier, c'est celle qui nous oblige à dire à tous ceux qui s'éloignent de nous : votre vanité est injuste et ridicule ; la nature nous a faits tous égaux.

C'est donc en traitant de l'égalité, sujet d'un si haut intérêt dans le compagnonnage, que nous arriverons à convaincre (du moins ceux qui ne le seraient pas), qu'il est utile et indispensable de réunir dans un seul faisceau tous les corps et tous les devoirs.

L'égalité n'est point un vain mot, comme certains retardataires veulent le faire croire, et quand on l'envisage avec impartialité on découvre que son existence est aussi réelle qu'utile.

Ne naissons-nous pas tous égaux, et parce que la destinée nous fait apprendre tel ou tel métier, faut-il nous repousser les uns les autres ; il ne doit pas exister de différence entre un compagnon de tel corps et celui de tel autre; toutes les professions sont utiles, toutes ont le droit de se former en sociétés compagnonniques et fraternelles, et notre devoir veut que nous aidions ces hommes honorables à devenir nos frères.

L'égalité existe donc réellement; c'est à elle que nous

devons notre existence et notre durée, et puisqu'elle est la base de notre institution, elle doit être sacrée à tous les compagnons.

Nous devons ajouter l'union à ces deux vertus, car c'est avec elle que notre institution s'établira solide ; d'elle dépend le succès du compagnonnage : point de prospérité sans union. Nous parviendrons sûrement à la réconciliation générale par l'union et par le travail, non-seulement du travail de métier, mais du travail à l'amélioration de la classe ouvrière.

C'est surtout dans nos réunions, où règne l'entente, que nous trouverons les moyens de rendre les compagnons meilleurs et que nous leur apprendrons à s'aimer et à s'entr'aider.

Notre institution nouvelle doit jaillir de la conscience, ce qui nous amènera à organiser nos sociétés de réconciliation d'après les droits et les devoirs de chacun.

Par l'union, nous proclamerons la loi de justice, d'amour et d'humanité, nous serons tous frères, libres et égaux, notre intelligence se développera, il ne sera plus question d'abus, de vieux préjugés et de despotisme, mais bien de tolérance, de progrès et d'amour du prochain.

C'est en pratiquant toutes ces vertus que nous établirons nos sociétés sur des bases solides, et nous serons convaincus de cette pensée que du travail, de l'intelligence bien organisée naîtra le bonheur de l'humanité, et en célébrant comme aujourd'hui ces beaux jours de fête, d'intime union, en travaillant tous d'un commun accord à régénérer le compagnonnage, nous en ferons une société humanitaire, progressive et fraternelle.

RÊVE

AIR : *La petite Margot.*

Comme je tombe
Dans un lieu sombre,
Un bon vieillard, me dit que fais-tu là ?
Je dis je cherche
Et je recherche
Le vrai moyen d'unir les corps d'état.

Tiens, me dit-il, je croyais que personne
Ne s'occupait des pauvres ouvriers ;
Je m'aperçois que c'est l'heure qui sonne,
De les sortir de ces mauvais sentiers.
De la sagesse,
Toujours sans cesse,
Pour abolir toutes dissensions,
Par l'indulgence,
La prévoyance,
Ne faisons qu'un de tous les compagnons.

Je suis heureux de faire ta connaissance,
Me dit cet homme, que je crois être esprit,
Je vais t'aider à réunir en France
Les compagnons autrefois ennemis.
Il seront fiers
D'être tous frères
Après s'être livré tant de combats ;
Quelle joie immense,
Je vois d'avance,
L'accord régner dans tous les corps d'états.

Puis il me di : du vrai compagnonnage
Devra sortir le bien, l'égalité.

Chasser l'abus, doit être votre ouvrage
Pour proclamer la vraie fraternité.
      Quelle allégresse,
      Cherchons sans cesse
A établir l'union dans nos rangs ;
      Soyons tous frères,
      Toujours sincères,
Et pour autrui soyons tous bienfaisants.

Et maintenant il faut que la concorde
Détruise, hélas ! tous les vieux préjugés ;
Vous n'êtes plus au temps de la discorde,
Vous réunir, c'est marcher au succès.
      De doux langages
      Et des lois sages
Cimentent la réconciliation.
      Sur vos bannières,
      Dans vos mystères
Faites briller la paix et l'union.

Oubliez donc que vous êtes sur terre
Et reportez-vous à l'éternité ;
Vous verrez, là chacun se traite en frère.
Puis à ces mots, mon esprit disparaît.
      Devoir suprême,
      O toi que j'aime,
Reprends vigueur par nos sociétés,
      Et que nos fêtes,
      Soient les conquêtes
Des vieux abus, vaincus par le progrès.

Si dans ce rêve j'ai trouvé des charmes
C'est pour vous tous, compagnons mes amis,
Pour l'avenir je n'aurai plus d'alarmes,
Car les anciens pour nous sont bons appuis.

Lien fraternel,
Ardents de zèle,
Professons tous la belle humanité.
Pour l'Espérance,
Plus de souffrance,
Quand nous vivrons par la fraternité.

DISCOURS

PRONONCÉ A LA FÊTE DE RÉCONCILIATION DE SURGÈRES
DEUXIÈME CONGRÈS COMPAGNONNIQUE
DE L'ASSOCIATION DES VILLES DE NIORT, DE SURGÈRES
ET DE SAINT-MAIXENT, LE 29 MAI 1870

T. C. F.

Les hommes sont égaux!

Voilà le précepte que nous devons tous prendre, et
par lequel nous devons tous nous traiter, à quelque
devoir que nous appartenions.

La devise compagnonnique est comme celle de tout
homme de bien :

FAIRE SON DEVOIR.

Il ne faut jamais oublier que les compagnons ont un
devoir à remplir; leurs actions doivent toujours être
éclairées par une morale pure; le compagnonnage pri-
mitif avait une obligation sérieuse : celle de moraliser
ses adeptes, d'en faire des hommes, sinon parfaits du
moins meilleurs qu'ils ne l'étaient.

La division est venue qui a dénaturé toutes nos lois

sages, et c'est à nous, qui comprenons que nous sommes tous égaux, de régénérer notre société, de la rendre morale et progressive.

Morale, parce que nous devons nous attacher à nous rendre meilleurs, nous devons faire de façon à ce qu'aucun acte de notre existence soit contraire au bien et ne fasse dévier nos semblables de leur droit chemin.

Progressive, parce que nous devons toujours marcher en avant, réformer les abus, apporter dans nos sociétés des idées fraternelles et mettre au cœur de tout compagnon l'amour de son prochain.

C'est en nous réunissant souvent, en parlant de nos sociétés compagnonniques que nous en découvrirons les vices, et que nous trouverons les moyens d'y porter remède.

Mettons en pratique la solidarité de toutes les sociétés compagnonniques, c'est la première des conséquences qui nous fera pratiquer la fraternité.

Tous les hommes sont frères: cette maxime a été de tout temps; mais depuis ce nouveau siècle, un principe creux, parce qu'on ne le pratiquait pas dans le vrai sens, aussi le compagnonnage s'est-il perdu peu à peu.

Aujourd'hui, il faut le relever, et ce n'est que par la formation de sociétés de réconciliation que nous y arriverons; il ne faut pas propager seulement la réconciliation, mais aussi la mutualité qui est la base de la fraternité.

Le compagnonnage actuel doit être une association d'hommes réunis pour faire le bien, pour propager en tout temps leurs principes fraternels, qui sont la base de leur institution et pour suivre toute idée progressive qui doit amener les hommes à s'aimer et à s'entr'aider, et si dans nos lois il se glissait quelques erreurs

pouvant entraver notre marche, nous ne devons pas hésiter un seul instant à les réformer.

Notre but doit être de réunir dans une seule famille tous les corps, sans distinction de métiers ni de devoirs, d'améliorer la classe ouvrière par l'accord et surtout par l'instruction, si négligée dans nos sociétés.

Le vrai compagnonnage, est le progrès qui doit unir tous les hommes par le travail et l'instruction.

Aider son semblable selon ses forces, lui fournir les moyens de s'améliorer, traiter de la même façon tous les membres de la grande famille compagnonnique, tels sont les principaux devoirs que nous devons remplir.

Plus de préjugés, et par cela même plus de haines, plus de faux dévouements, plus d'erreurs funestes qui engendrent l'inimitié et la division. Etablissons l'amitié entre nous, et si un jour on recherche d'où vient le progrès de la classe ouvrière, il sera à la gloire du compagnonnage.

Debout, mes frères, et à l'œuvre; disons à ceux qui s'éloignent de nous de venir se confondre dans nos rangs, invitons tous les compagnons à nos fêtes, même nos adversaires, et nous devrons éprouver un sensible bonheur de les voir figurer parmi nous; car ils seront convaincus que nous sommes dans le droit chemin; prouvons-leur que nous voulons la réunion des devoirs et des sociétés, pour le bonheur de la classe ouvrière, et ceux mêmes qui s'éloignent de nous viendront, comprendront leur erreur et seront des cœurs dévoués à la réconciliation.

Tout à l'heure je vous disais de mettre l'instruction en pratique dans les sociétés actives, c'est à cela que

nous devons surtout nous attacher; c'est le seul et vrai moyen d'arriver promptement au but que nous poursuivons.

Je crois que notre tâche va être plus facile, car par toute la France une foule d'hommes de bien se réunissent en société pour instituer des bibliothèques populaires; je vous engage donc à vous joindre à eux, à apporter votre concours à cette œuvre et à profiter du bien qu'elle produira.

Une tâche qui incombe aux compagnons, c'est de moraliser la jeunesse, de l'instruire; c'est en poursuivant cette tâche que nous atteindrons le véritable but; car, en effet, pour faire des hommes qui puissent se comprendre et s'aimer, il faut commencer par la morale et l'instruction, et ce que nous voulons faire du compagnonnage, c'est une société éclairée, aimante et juste; nous n'obtiendrons ce résultat qu'en répandant l'instruction et qu'en suivant nous-mêmes des cours d'instruction, ce qui détruira l'indifférence qui existe chez beaucoup. L'indifférence! défions-nous de ce défaut; c'est celui-là qui fait aussi beaucoup de mal à l'organisation de nos sociétés. Il faut donc combattre cette indifférence : le meilleur remède c'est l'instruction, et quand ceux qui ont commencé le grand mouvement compagnonnique verront la voie sûre que nous prenons, ils diront : ceux-là, par leur travail et leur dévouement, ont bien servi la cause par nous commencée.

Que nos opposants nous calomnient; libre à eux de croire que nous comprenons mal les intérêts du compagnonnage et que nous sommes désunis.

Nous leur répondrons par des réunions semblables à celle d'aujourd'hui; en leur montrant notre intimité, ils seront forcés de se rendre à l'évidence, du moins

s'ils sont de bonne foi, et ils se joindront à nous par le
cœur en marchant vers notre même but qui est le progrès devant amener parmi nous la fraternité compagnonnique et la fraternité dans toute la classe ouvrière,
pour ne former tous qu'un seul faisceau.

Du reste, tout ceux qui comprennent bien les intérêts
de notre société se rallient comme si une voix leur
criait : unissez-vous, soutenez-vous, aimez-vous !

La décadence du compagnonnage, n'est due qu'à la
haine et à la rivalité ; il faut qu'un tel état de chose
disparaisse par notre accord et notre union, ce qui amèneront les idées fraternelles chez nos opposants d'aujour-
d'hui et en feront plus tard les plus acharnés à la destruc-
tion des vieux préjugés.

Il s'est trouvé de prime abord, parmi nous, une foule
de compagnons qui ont compris qu'il fallait réorganiser ;
cette foule s'est augmentée sensiblement, et maintenant
que le nombre en est plus grand encore, il faut s'attacher à chercher le meilleur moyen pour rallumer l'amour
de la paix et de la fraternité.

Ah ! mes frères, ne donnons jamais de prise à la critique : Puissions-nous voir au moment où nous entrerons
dans nos temples, nos frères nous tendre la main, nous
jurer une amitié sincère, et éteindre dans le cœur de
tous les nouveaux initiés la haine, les discordes et les
préjugés.

Qu'à chaque instant de notre existence ces souvenirs
nous reviennent à la mémoire pour nous aider à détruire
cet esprit de haine enraciné chez certains compagnons.

Pensons à l'avenir, à la grande famille humaine,
traçons-lui un chemin à travers les vieux préjugés, et

par nos efforts, le compagnonnage renaîtra grand, fort et sublime comme dans sa première période.

Que la lumière renaisse dans nos sociétés, qu'elle éclaire de ses faibles rayons les anciens corps, afin qu'ils voient que le moment d'émancipation compagnonnique est arrivé pour tous les nouveaux corps; à l'heure qu'il est, cette phalange de compagnons doit devenir légion par la formation de nos sociétés, et notre vraie devise doit toujours être :

ÉGALITÉ, HUMANITÉ, FRATERNITÉ.

Egalité, parce que toute domination du compagnon par le compagnon est contraire aux vrais principes, et que la loi de nos fondateurs exclut tout despotisme de nos sociétés.

Tout homme est en droit l'égal des autres hommes; nul ne doit avoir sur ses frères aucun privilège que ceux-ci n'aient sur lui; tous les hommes sont égaux, c'est la loi de la nature, et ce n'est pas à nous, simples mortels, de changer cette loi naturelle et juste.

Le droit de l'un égale celui de l'autre, et tout homme juste doit penser ainsi.

Humanité, parce que nous devons penser à nos semblables; tous travailleurs, nous devons chercher à nous soutenir, porter des secours à celui qui est dans le besoin, des consolations à celui qui est dans la douleur et de l'instruction à celui qui en manque; en agissant ainsi, nous détruirons l'ignorance, ce vers rongeur qui anéantirait nos sociétés.

Fraternité, parce que nous devons toujours nous traiter en frères, au dedans comme au dehors de nos réunions, et si nous ne suivons pas ce principe, nous trou-

verons la source inévitable de nos égarements et de nos
maux.

L'homme qui veut pratiquer la fraternité doit venir
en aide à son semblable, il doit défendre le droit partout
où il est attaqué, il ne doit avoir au cœur aucune haine,
il doit prendre pitié des malheureux qui l'insultent, il doit
toujours chercher à éclairer ceux qui l'accusent, et pour
réaliser ces belles maximes, il doit compter sur la
bonne volonté de tous les compagnons du progrès.

Poursuivons donc notre tâche, et montrons à la France
entière que le compagnonnage est utile et indispensable
à la classe ouvrière, préparons d'heureux jours à la
jeunesse et disons-lui :

Debout, l'heure est venue de s'entr'aider, marchez
voilà le chemin de l'avenir !

DISCOURS

PRONONCÉ A LA FÊTE DE RÉCONCILIATION DE BORDEAUX
LE 31 JUILLET 1870

T∴ C∴ F∴

Le compagnonnage a toujours tenu une large place,
dans la classe ouvrière, je laisserai de côté les malheureux
moments où la discorde existait, pour ne parler que du
bien que sont appelées à faire nos sociétés de réconciliation.

Voyez, depuis quelques années seulement, les réformes
qu'a subies le compagnonnage. Naguères les membres

de certains corps se voyaient avec haine, aujourd'hui beaucoup se tendent la main comme si une voix leur criait :
unissez-vous. Espérons que bientôt la vraie fraternité
fera chez les sociétés actives ce qu'elle a fait chez les
anciens compagnons ; ce jour-là, mes frères, sera le plus
beau qui aura paru dans le compagnonnage, car il cou-
ronnera l'œuvre que nous avons commencée.

La tâche que nous entreprenons n'est-elle pas une
œuvre commune, une œuvre d'hommes de cœur qui ont
compris qu'il était temps de faire disparaître toutes les
absurdités qui entravent toute marche progressive.

Nous vivons à une époque où les luttes incessantes
et passionnées n'ont plus leur raison d'être, nous devons
les remplacer par des actes de tolérance et de fraternité;
nous devons accepter cordialement et fraternellement
dans nos sociétés tous les corps, à quelque métier, à
quelque devoir qu'ils appartiennent.

Recherchons ensemble, mes frères, les moyens les plus
sûrs et les plus prompts, pour mettre le compagnonnage
sur un pied où il devrait être depuis longtemps, si une
erreur fâcheuse n'était venue en retarder la marche
en avant ; d'accord ensemble par l'amitié, nous parviendrons à faire comprendre à toute la classe ouvrière
l'utilité de notre œuvre : c'est mon désir et mon espoir,
et tous unis par les mêmes sentiments, attaquons-nous
à l'ennemi le plus à craindre : l'indifférence.

Sans craindre de nous compromettre aux yeux de nos
sociétés respectives, cherchons par les bons exemples à
attirer à nous ces compagnons qui, par erreur ou par
crainte de leurs sociétés actives, s'éloignent de nous ; ils
ignorent sans doute le but que nous nous proposons d'atteindre, et si seulement ils se doutaient que ce but est

l'égalité pour toute la classe ouvrière, ils verraient que les moyens les plus sûrs pour y arriver sont ceux que nous employons en réunissant tous les corps et tous les devoirs dans une seule et même société, une seule et même famille.

Apprenons-leur que parmi nous il n'y a ni premiers ni derniers, mais bien une légion de frères placés au même niveau et qui contribuent, chacun de leur côté, à développer dans le cœur de tous les compagnons les sentiments de fraternité et d'humanité.

Il est utile de nous rattacher les uns aux autres par des liens d'intimité, et c'est ce que nous arrivons à faire par la formation de nos sociétés de réconciliation et nos fêtes fraternelles; de tous les points de la France vous verrez accourir les hommes dévoués au progrès, et plus tard le temps viendra, sans nul doute où toutes les sociétés compagnonniques ne formeront plus qu'une seule famille de travailleurs; alors notre tâche sera accomplie.

Mais, d'ici là, nous avons beaucoup à faire; ne nous séparons pas, resserrons nos rangs et que notre chaîne d'union nous apprenne à être bons et charitables.

Ne nous laissons pas démoraliser au contact des haines et des erreurs; proclamons au contraire la loi de justice et d'humanité, que notre intelligence se réveille et que le despotisme disparaisse parmi nous par notre accord et notre union.

La bienveillance et la charité sont les sentiments qui doivent toujours nous conduire; toutes nos paroles, toutes nos actions doivent être réglées sur une ligne sage et sans passion; nous devons employer notre intelligence à faire le bien et à répandre l'instruction.

Quel est le compagnon qui ne s'est pas senti ému

à la vue d'une assemblée fraternelle ou en lisant un compte-rendu de nos fêtes ; combien sont venus se confondre dans nos rangs à la vue de nos brillants cortéges, combien se sont éveillés aux récits de nos actions fraternelles ; aujourd'hui tous ces braves cœurs sont venus grossir les rangs des ennemis des préjugés et sont les défenseurs des malheureux et des faibles.

C'est donc en pratiquant des principes de justice et d'amour du prochain que nous graverons dans le cœur de tous les jeunes gens de bonne conduite, le sentiment du compagnonnage, et que nous en ferons de fervents défenseurs du droit, de la justice et du bien.

L'influence du compagnonnage sur la classe ouvrière doit être l'œuvre de chaque jour ; là, comme partout, les paroles ne suffisent pas, il faut des actes.

Efforçons-nous donc de répandre sans cesse chez les travailleurs l'union, la paix et la fraternité, pour faire comprendre à tous que nos sociétés sont établies sur des bases d'égalité. Ne laissons entrer dans nos temples ni l'égoïsme ni l'envie ; pensons que nous devons répandre par toute la France nos principes de tolérance et d'humanité, et que nos sociétés compagnonniques de réconciliation veulent faire de tous les travailleurs une société de frères.

DISCOURS

PRONONCÉ AU CONGRÈS COMPAGNONNIQUE DE L'OUEST

A NIORT, JUILLET 1873

T∴ C∴ F∴

Aujourd'hui plus que jamais, nous devons redoubler de zèle pour établir l'accord qui doit exister dans la classe ouvrière afin d'atteindre le but tant désiré de la réconciliation générale qui doit nous donner l'union par la fraternité.

Plus que jamais, il est nécessaire de nous unir, afin de propager notre institution qui doit faire naître la paix chez les travailleurs ; l'expérience que nous avons acquise chèrement pendant la crise que nous avons traversée, il y a deux ans, doit nous apprendre à nous aimer et à nous entr'aider, afin de nous resserrer pour faire une guerre acharnée à l'ignorance et aux préjugés de toute nature qui existent parmi nous.

Continuer à honorer le travail, respecter les droits de chacun et tendre la main à toutes les sociétés compagnonniques, c'est le vrai moyen de faire rentrer dans la réconciliation toutes les sociétés actives qui sont encore en retard.

Aujourd'hui, dans chaque société active, on se compte facilement : ces années de misères n'ont fait qu'éclaircir nos rangs.

Que ceux qui pensent comme nous nous aident ac-

tivement et sagement à propager les principes que nous pratiquons depuis la formation de nos sociétés de réconciliation, et nous pourrons ainsi prétendre à préparer d'heureux jours à la noüvelle génération compagnonnique.

Par la fraternité et l'amour du prochain, nous établirons entre nous des liens qui nous uniront étroitement, qui lieront notre réconciliation à l'humanité entière.

Assistance réciproque, accord pour faire le bien, voilà les bases qui doivent fonder la réorganisation compagnonnique. Frères et égaux, que jamais un nuage ne vienne troubler l'accord qui doit régner parmi nous.

Redoublons de zèle afin que la jeunesse vienne à nous. Depuis quelques années que le compagnonnage décline, elle perd beaucoup.

Voyez, dans toutes les villes, depuis la plus petite jusqu'à la plus grande, sur 100 ouvriers 80 se conduisent mal, et cela parce qu'ils ne fréquentent plus nos sociétés, qu'ils n'ont personne pour leur donner le bon exemple et pour les réprimer quand il font mal.

Occupons-nous donc de ramener dans nos rangs, toute cette jeune génération d'ouvriers intelligents qui s'écartent du droit chemin, et qui, en s'éloignant des sociétés compagnonniques, se rapprochent du café ou du cabaret ; non-seulement ils n'ont acquis en voyageant ni talent ni sagesse, mais ils ne rapportent que de mauvais principes et souvent des vices ; si cela continue, avant peu l'on ne trouvera plus d'ouvriers capables.

Travaillons pour porter remède à cet état de chose, et quand nous aurons atteint notre but, nous aurons rendu un immense service à la société et surtout aux parents de cette jeunesse égarée qui a besoin que l'on s'occuppe d'elle.

Faisons comprendre à ces jeunes travailleurs que notre institution sociale compagnonnique est destinée à éloigner les hommes de l'oisiveté et de la débauche, à les aider de nos conseils et de nos connaissances afin de les prévenir contre la paresse, mère de tous les vices.

Ne nous faisons pas illusion sur l'accord qui règne ici ; c'est au dehors qu'il faut agir, et si nous ne réussissons pas à établir la réconciliation dans les sociétés actives compagnonniques, les sociétés succomberont.

Nous devrions, mes frères, pour arriver plus sûrement, à ce but, organiser quelques conférences où nous discuterions une grande quantité de questions dont la réalisation est indispensable à la réussite de la réconciliation dans les sociétés actives.

Nous avons des moments très propices pour cela, c'est le jour de nos fêtes où un grand nombre de compagnons sont réunis, vous ne vous figurez pas le service que chaque conférence pourrait rendre ; elle aurait l'avantage de nous instruire beaucoup sur une quantité de questions sociales que nous devrions connaître et que la plupart de nous ignorent.

Vous me direz que le temps manquerait le jour de nos fêtes. Non, nous suivrions l'exemple des villes de Paris, Lyon, Châlons, Mâcon, St-Etienne, Nevers, Périgueux, le Mans et autres villes qui suppriment la messe et nous remplacerions cette cérémonie religieuse par les conférences que je vous propose et nous y gagnerions tous ; la plupart des compagnons ignorent d'où ils sortent ; un grand nombre ne savent pas quel est l'origine de notre institution, et pourtant ce serait très utile que tous le sachent.

Rappelez-vous, mes frères, que c'est cette ignorance

qui nous perd, et si nous voulons réussir à faire de toutes les sociétés compagnonniques une seule société, il faut commencer par nous instruire, et pour cela il nous faut des conférences où les plus avancés viendront nous apprendre ce qu'ils savent, et où toute question sociale compagnonnique sera discutée et traitée. De ces conférences, que je vous recommande, dépend l'avenir des sociétés qui s'éclaircissent tous les jours et qui disparaîtront entièrement si nous n'y portons remède.

Ainsi, mes frères, réfléchissez aux paroles que je viens de vous dire, je suis persuadé que presque tous vous serez de mon avis.

Si nos prédécesseurs avaient vécu à une époque comme la nôtre, ils auraient bien mieux réussi; car il y a trente ans, le feu sacré du compagnonnage était chez tous; rappelez-vous ce qu'il était à cette époque. Aujourd'hui l'indifférence a remplacé ce feu sacré d'autrefois ; à peine trouvons-nous quelques compagnons qui veulent bien se dévouer à la réorganisation de nos sociétés.

Vous voyez, mes frères, qu'il faut combattre l'indifférence, le remède le plus sûr pour y parvenir, c'est d'établir les conférences dont je viens de vous parler.

Remplacez nos messes par des conférences, nous pourrons gagner à ce changement, et avant peu nous aurons fait un pas immense vers le progrès qui doit réunir tous les compagnons.

CONGRÈS COMPAGNONNIQUE DE L'OUEST
SURGÈRES 1874

RÉPONSES
AUX QUESTIONS POSÉES POUR LA CONFÉRENCE

DE L'INFLUENCE DU COMPAGNONNAGE
SUR LA CLASSE OUVRIÈRE
QUELS SONT LES MOYENS A EMPLOYER
POUR RAMENER LA JEUNESSE DANS NOS RANGS

T∴ C∴ F∴

Ce que j'ai à vous dire sera un peu confus, vous y trouverez des deux questions, car il est difficile pour moi de traiter la première sans toucher à la seconde, et cependant je me réserve de vous faire une proposition spéciale pour la seconde.

Notre réunion se compose d'hommes recherchant les avantages de l'association compagnonnique pour s'instruire, pratiquer le bien, accomplir leur devoir envers leurs semblables.

Le but que nous poursuivons surtout est l'amélioration morale de l'ouvrier; nos principes sont: la loi du progrès et de l'humanité, la tolérance, la fraternité et l'égalité; sans nous préoccuper des métiers, nous faisons abstraction de toutes idées prépondérantes.

Nous honorons le travail de tous, et nous arriverons à conquérir la vraie fraternité par la raison qui nous apprend à mettre nos idées d'accord avec le progrès qui marche toujours.

C'est dans cet esprit que nous nous sommes constitués en société de réconciliation, et c'est en pratiquant la

tolérance, en travaillant à nous améliorer sans cesse que nous voulons traverser l'ère nouvelle qui s'ouvre pour nous.

Il y a quelques années, notre association s'était bornée à vouloir mettre d'accord les sociétés compagnonniques rivales.

Aujourd'hui, l'œuvre est plus grande ; il faut former en société compagnonnique tous les corps honorables, ne devons-nous pas considérer tous les ouvriers comme des frère ?

Ne restons donc pas dans nos vieilles idées, nous irions de plus en plus en décroissant ; faisons tout notre possible pour amener à nous de nouveaux corps, afin de leur faire partager nos idées d'union, et si nous ne prenons pas ce chemin, la société tombera en décadence ; car il ne faut pas se faire illusion, non-seulement les rangs des compagnons s'éclaircissent, mais encore nous avons plusieurs corps d'état qui, aujourd'hui, en comptent à peine quelques membres ; avant peu ces corps finiront par disparaître.

C'est donc à nous de porter remède à cela, faire même quelques ouvertures à des corps honorables, afin de les décider à venir à nous ; c'est, à mon point de vue, une combinaison très utile pour multiplier les membres de notre institution, la seule qui doit rendre l'ouvrier laborieux, capable et bon envers son semblable, qualités que l'on prend chez nous, et qui font notre influence sur la classe ouvrière.

C'est en ramenant à nous ces nouveaux corps, en les formant en sociétés compagnonniques que nous en ferons des adeptes qui mettront tous leurs efforts à améliorer la position de leurs corps d'état.

Voilà le but moral de notre association, et c'est par

la fraternité que nous formerons un rempart à ceux qui voudraient entraver sa marche progressive.

Ce n'est pas dans une assemblée comptant autant de partisans du progrès qu'il est nécessaire de rappeler notre but. Tous ici, nous en apprécions trop les bienfaits pour qu'ils s'effacent jamais ni de notre mémoire ni de notre cœur. Mais s'il m'était permis d'émettre un vœu, c'est aux sociétés actives que je m'adresserai, c'est à elles que je voudrais crier : marchez au progrès, suivez-nous, aidez-nous à faire du compagnonnage une société de morale et de fraternité.

Sans doute ce n'est pas tout-à-coup que la lumière s'est faite dans l'esprit humain ; ce n'est qu'après de longs efforts que l'on y est parvenu ; il en sera ainsi des sociétés compagnonniques, c'est à force de sacrifices, de bon vouloir que nous arriverons à en faire des sociétés dignes d'exemple.

Mon intention n'est pas de faire une histoire de nos mystères ; je tiens seulement à constater que, partout et toujours, quelque chose nous pousse en avant, (le progrès), et que mœurs et croyances tout se modifie, qu'aux pratiques et usages grossiers se substituent des notions plus vraies et plus dignes du devoir.

Il en est de même de nos sociétés. Aux coutumes brutales a succédé la fraternité, on sent le besoin d'être utile à son semblable, et comme chacun doit travailler selon ses connaissances et ses forces, nous devons, par notre union, répandre la lumière chez les ouvriers, ils n'ont besoin que d'encouragements et d'exemples ; il y a chez eux toute l'étoffe désirable pour en faire de vrais partisans de la fraternité.

Si nos pères n'ont pas réussi à poser les bases d'une société sans pareille, c'est à nous de perfectionner leur

œuvre sans relâche par nos paroles et nos exemples ; c'est à nous de convier à cette noble entreprise tous ceux de bonne volonté, jeunes et anciens ; c'est à nous de donner de la vitalité aux sociétés compagnonniques ; si nous ne réussissons pas, nous en aurons du moins préparé la réussite, et la génération future nous devra sa plus belle conquête.

C'est une grande et noble pensée que d'assembler les membres épars de la grande famille ouvrière, de la convier à étudier, à approfondir dans nos réunions les questions sociales qui se rattachent à nos intérêts, à nos corps d'état.

Le besoin le plus éminent pour nous est de nous grouper et de concentrer tous nos efforts vers un même but ; lorsque ce but est l'amélioration morale et matérielle de la classe ouvrière ; le compagnonnage doit apporter dans cette lutte toute son influence, toute la puissance de son organisation.

En présence du besoin de cette réconciliation, nous devons employer toute notre intelligence pour le rapprochement de nos sociétés avec les sociétés actives, ce qui sera d'une immense portée pour l'avenir.

L'amour de l'humanité fera la force de nos congrès, il dirigera nos fraternelles discussions en les élevant à la hauteur de la mission qui nous est attribuée, l'amour de nos semblables nous donnera la force de combattre l'égoïsme, cette plaie sociale.

Souvenez-vous que nous n'avons pas de plus cruel ennemi que l'égoïsme, groupons-nous pour le poursuivre, car c'est lui qui engendre l'indifférence, et l'indifférence *c'est notre mort.*

Un pas immense a été fait depuis dix ans : nous avons

détruit cet esprit de haine qui séparait les ouvriers ; les sociétés de réconciliation compagnonniques ont leur part de cette amélioration.

Le temps n'est sans doute pas loin où les idées réformatrices régénéreront les sociétés actives qui ont conservé leur despotisme ; tous les jours de jeunes compagnons viennent se ranger sous notre bannière, ils prouvent qu'ils ne sont pas sourds à la voix de la raison et de la vérité.

Le seul moyen de travailler avec succès à la réalisation des vœux que nous émettons, c'est d'agir en commun, de nous grouper en un seul faisceau, et de montrer à toute la France que nos institutions sont utiles à l'humanité.

A l'œuvre donc, mes frères ; que ces congrès et les conférences surtout, deviennent pour nous le succès de nos travaux communs, que le compagnonnage, dont les vrais principes sont basés sur la loi de l'humanité, renaisse grand et fort, que les hommes de travail s'unissent, car l'union est le premier besoin de l'intelligence.

Quand notre institution fut fondée, nos pères proclamèrent la loi de justice et d'humanité, tous les compagnons étaient libres et égaux. Aujourd'hui que la lumière a dissipé les erreurs des temps passés, nous ne reconnaîtrions pas les préceptes de nos fondateurs ! Le compagnonnage aurait donc reculé, quand l'humanité entière aurait avancé ! Non ; montrons à tous que notre intelligence est dépouillée de fanatisme, et que tous travaillent à la réorganisation de la classe ouvrière.

Pour atteindre ce but si cher il faut étendre notre influence sur tous les travailleurs sans distinction, culbuter incessamment toutes les doctrines contraires

Aujourd'hui, la généralité est avec nous ; mais nous en avons d'autres à gagner, et notre tâche n'est pas finie : nous les entraînerons en n'oubliant jamais les devoirs que nous avons à remplir nous-mêmes.

Je conclus donc que la société qui a le plus d'influence sur la classe ouvrière est le compagnonnage ; il faut, pour continuer à avoir cette influence, travailler tous d'un commun accord à la réorganisation, à faire disparaître les absurdités qui existent encore et qui éloignent de nous bon nombre d'hommes intelligents, à initier tous les corps honorables qui nous demanderont l'initiation ; dans ces nouveaux corps nous trouverons des lumières qui nous aideront à propager l'union et la fraternité dans la grande classe des travailleurs.

Quand nous aurons accompli cette œuvre, qui est grande, il n'y aura plus en France qu'une seule société ouvrière, qui sera le compagnonnage ; à ce moment-là seulement nous aurons, en lutteurs infatigables, accompli la mission que nous sommes appelés à remplir.

QUELS SONT LES MOYENS A EMPLOYER

POUR RAMENER LA JEUNESSE DANS NOS RANGS

Dans les quelques paroles que je vous disais tout à l'heure je vous prévenais que je me réservais une proposition à vous faire, traitant la 2ᵉ question seulement.

La voici :

Ce serait que toutes les sociétés d'anciens compagnons, (dans les petites villes surtout) établissent des mères. Pour attirer la jeunesse vers nous il faut commencer par lui être utile.

Ainsi, quand un ouvrier arriverait (à Surgères par exemple), il irait de suite chez la mère des anciens compagnons qui lui donnerait l'adresse du 1er en ville, (place que l'on remplirait chacun à son tour). Ce 1er en ville serait tenu de lui procurer de l'ouvrage, et s'il n'y en avait pas dans le pays et même à la campagne on l'adresserait dans une localité voisine, en lui donnant de quoi s'y rendre s'il était dans le besoin, et dans les endroits où on l'enverrait il trouverait sûrement du travail ; nos sociétés étant organisées dans ce but, nous saurions toujours par nos correspondants où il y en aurait ; car les patrons, autant dans leurs intérêts que dans ceux des ouvriers, s'adresseraient à nous de préférence, et une fois de plus nous rendrions un immense service à la classe ouvrière.

Et remarquez que nos sociétés seraient bien plus nombreuses, car tous les jeunes gens seraient forcés d'en faire partie ; il leur faudrait une carte de leur société active ou d'une société de compagnons réunis pour jouir des avantages que je viens d'énumérer.

Cette institution serait bonne et utile, je le répète car elle amènerait des adeptes dans le compagnonnage qui est un besoin après les revers que nous venons d'éprouver depuis quelques années ; et de plus, elle rendrait un immense service à tous, en procurant du travail à l'ouvrier et en lui évitant de courir d'atelier en atelier pour s'en procurer, et à beaucoup la peine de tendre la main, ce que nous voyons trop fréquemment.

C'est seulement une proposition que je fais ; pour la rendre pratique elle a besoin d'être étudiée, j'engage tous les compagnons ici présents à y réfléchir.

Croyez-moi, cette combinaison ramènerait chez nous, tous ou presque tous les ouvriers, et tout en multipliant

nos sociétés cela rendrait un service inexprimable aux travailleurs, aux patrons et aux pères de famille.

Aux ouvriers, en leur montrant le bon exemple et en en faisant de meilleurs sujets ayant l'amour de leur métier et une tenue convenable, ce qui n'existe plus malheureusement chez la plus grande partie.

Aux patrons, en leur procurant toujours des bras quand ils en auront besoin, ce qui leur permettra d'entreprendre de plus grands travaux.

Aux pères de famille enfin, en faisant de leurs enfants de bons sujets et des ouvriers capables, pouvant les remplacer quand ils seront vieux, ce qui, je crois, serait assez difficile avec ce que nous voyons journellement; car sur 100 ouvrier 90 au moins n'ont aucune aptitude pour diriger un établissement; je veux parler de ceux ne fréquentant pas les sociétés compagnonniques.

Au premier abord ma proposition paraît presque impraticable; mais je vous assure qu'en l'étudiant vous y trouverez l'immense avantage qu'elle ferait à la jeunesse, le nombre que cela entraînerait chez nous. Non-seulement nous devons chercher à amener vers nous ces jeunes ouvriers, mais nous devons aussi leur faire le plus de bien possible ; cela est un devoir que l'humanité commande.

Si nous réussissons à cette entreprise, ce que j'espère, nous pourrons dire que nous avons accompli une grande et belle tâche, et remarquez que c'est la société des compagnons qui, seule, peut arriver à ce but.

Ne perdons donc pas cette occasion de faire du bien; car jamais peut-être nous en trouverons une semblable. Ne craignons pas notre peine, il ne faut pas se le dissimuler, il y en a beaucoup à prendre, mais plus cette peine sera grande, plus nous aurons de mérite.

Je n'ai pas voulu présenter cette proposition aux compagnons de Lyon avant de vous l'avoir soumise. Si vous l'approuvez, d'ici à quelques jours je la leur adresserai et ils la prendront sûrement en considération, vu qu'elle aura déjà été adoptée dans notre réunion, ce qui sera d'un grand poids et les encouragera à étudier cette question à fond.

Si vous avez quelques observations à faire, je vous engage à les communiquer, car en discutant nous trouverons sûrement des améliorations à apporter.

Et si vous honorez ma proposition de votre adhésion, je vous prierai de vouloir bien le manifester pour que nous soyons fixés, si nous devons la faire parvenir à Lyon.

Je vous demanderai aussi qu'il en soit ainsi pour toutes les propositions qui seraient faites à cette réunion.

INSTRUCTION COMPAGNONNIQUE

AU CONGRÈS DE L'OUEST, TENU A SAINT-MAIXENT
LE 4 JUILLET 1875

T∴ C∴ F∴

Dans le programme de notre fête il y a *instruction sur le compagnonnage*; cela m'a donné l'idée de feuilleter les livres de notre ami Perdiguier qui vient de payer sa dette à la nature en laissant de nombreux ouvrages que je recommande à tous les compagnons, ils y puiseront le désir d'être utiles à leurs semblables, en mettant de côté toute idée de prépondérance, ne pensant qu'à la fraternité.

Voici ce que j'ai trouvé dans un petit livre intitulé *Questions Vitales sur le compagnonnage de la classe ouvrière*; je vais en reproduire les paroles, toutefois en appropriant le sens au but de notre fête d'aujourd'hui.

Nous ne sommes pas sur un point purement moral, sur lequel tout le monde est parfaitement d'accord, ce que l'on traite parfois avec des banalités; mais sur un point constitutif d'organisation, de loi positive, et nous ne pourrons vaincre les difficultés qu'en les abordant franchement.

Nos aspirants sont nos frères, il faut les traiter fraternellement, il ne faut pas craindre de se trouver dans la même chambre, d'assister au même festin, de travailler dans le même atelier; comprenez-vous le danger; s'il en était autrement, cela éloignerait l'aspirant, le ferait votre ennemi.

J'ai été jeune, j'ai voyagé; mais si un ouvrier comme

moi, parce qu'il était compagnon, était venu me dire
chez la mère : cette table est celle des compagnons, vous
ne devez pas y prendre place, éloignez-vous; en présence
de telles paroles, prononcées par un de mes égaux, je
me serais retiré de chez la mère, et ne serais pas resté
dans une société où le supérieur traite ainsi un jeune
homme qui cherche à s'instruire, à s'élever ; voilà pourtant l'histoire de beaucoup de nos sociétés, et cela est
une des causes de notre décadence.

Pensez-vous qu'un compagnonnage formé de la sorte,
exprime de grandes choses et professe largement la
fraternité? Ne le croyez pas ; il est entouré de préjugés
qui le paralysent, qui ont brisé son élan, et qui le tiendront tant qu'il vivra pressé, garrotté comme par des
liens de fer ; il n'a plus l'aspiration de l'homme libre, il
doit ce malheur aux principes pernicieux.

Il en est cependant qui sont restés grands et bons
pour leurs semblables, rien n'a pu les corrompre.
Aujourd'hui le nombre en est plus grand ; à eux de s'ar-
mer d'un triple courage, de faire efforts sur efforts, de
secouer les engourdis, d'arracher tous les germes vicieux,
et de dresser l'arbre de l'égalité et de la fraternité,
sous lequel les nouvelles générations compagnonniques
doivent pousser, se développer et trouver le bonheur.

Plus de dédain, nous voulons de la convenance, de la
dignité, mais nous voulons l'égalité et la fraternité ; je
dirai aux jeunes compagnons : acquérez la science et ré-
pandez-la sur les aspirants, soyez bons, généreux, humains et vous jouirez de la considération générale par
le bien que vous ferez. Les aspirants vous remplace-
ront ; vous leur aurez ouvert une voie nouvelle ; ils seront à leur tour ce que vous êtes, et nous arriverons
aux plus heureuses conséquences.

La religion accepte tous les hommes comme enfants du même Dieu, la philosophie voit partout des amis, partout des frères ; et nous, compagnons, nous ne serions pas les frères de tous les travailleurs ! C'est qu'alors nous serions sans religion, sans intelligence, sans philosophie et sans raison, sans bon sens, sans jugement, et par conséquent des sortes de sauvages.

Quoi celui qui cuit le pain, celui qui fait nos chaussures, celui qui tisse notre linge et nos vêtements, ne serait pas l'égal de celui qui travaille le bois, la pierre ou le fer ; et vous voulez être les égaux des médecins, des avocats, des riches, des nobles. Si ces hommes plus instruits que vous, sachant mille choses qui vous sont inconnues, vous repoussaient, vous dédaignaient, vous marquaient du mépris, vous crieriez bien fort qu'ils sont absurdes ; et vous, artisants, vous repousseriez l'artisant qui ne diffère en rien de vous ; à quoi penseriez vous donc !

Non, non, n'accusez pas la richesse, n'accusez pas la fierté, l'orgueil ; si vous, ouvriers, vous méprisez l'ouvrier, si vous, pauvres, vous repoussez le pauvre. Ne vous aimant pas les uns les autres, pouvez-vous exiger l'amour des puissants ? Aimez, et l'on vous aimera, soyez justes pour tous, et l'on sera juste pour vous.

Ouvriers, aimez vos métiers, aimez le progrès, aimez tout ce qui est juste et bon, aimez la fraternité entre toutes les classes du peuple !... Soyez compagnons, mais aussi, soyez hommes.

C'est par l'oubli des hauts principes d'humanité que la terre s'est comme dérobée sous nos pas et que notre existence comme association semble pencher vers sa fin ; si la vieille foi meurt, ayez au moins une foi nouvelle, ayez la vie si vous voulez la donner.

Oui, compagnons, la situation est grave, il y a en nous, il y a dans la classe ouvrière un côté fâcheux que je veux éclairer. Ecoutez-moi, je l'ai dit, je le répète, je le répéterai encore : trop de division, de séparation, de scission ont produit l'anarchie.

Le jeune ouvrier méconnaît toute subordination, si le chef d'une société veut le conseiller, le pousser au bien, il se fâche aussitôt, il quitte ceux qui l'ont accueilli, protégé, et va se présenter à une autre société qui le reçoit, applaudit à ses plaintes, ne fait aucune enquête et finit par grossir le mal qu'elle aurait dû amoindrir, et souvent cela vient des compagnons qui trop souvent ne voient pas dans un aspirant leur égal.

Les sociétés voyageuses deviennent impuissantes, le travailleur perd l'amour du travail, tout principe élevé disparaît, et la moralité en souffre horriblement, il n'y a plus dans la plupart des ouvriers l'amour du travail, le désir de faire de bons ouvriers ; il y a l'égoïsme, l'orgueil qui les rapetissent et compromettent nos sociétés.

L'isolement est une chose funeste à tous, que de temps perdu dans la classe ouvrière, je le prouve avec tristesse.

Le jeune homme commence son apprentissage à 14 ans, il voyage pour se fortifier dans son métier, il consacre plusieurs années pour se faire ouvrier, il exerce ses bras, ses mains, mais a-t-il cultivé son esprit, il lui faudrait un an deux ans de veillées consacrées à l'étude, il n'en a pas le courage il perd son temps de la manière la plus déplorable.

N'avons-nous que des bras, n'avons-nous pas un cerveau, et ce cerveau doit-il rester inerte, sans lumière, sans clarté ; Dieu nous a fait hommes, et nous méprisons son œuvre !

Beaucoup d'ouvriers ont été écrivains, mais ils sont

peu nombreux ! Combien d'artisans ont de bonnes idées, mais qui ne veulent pas se donner la peine de les répandre. L'ouvrier (je veux parler de l'ouvrier en général) ne fait rien pour tenir une place honorable dans la société des hommes ! Que j'applaudirais s'il en était autrement.

On a trop bafoué le compagnonnage, trop décrié toute organisation, tout ensemble, tout devoir, tout dévouement ; chacun a pensé à soi, à son intérêt privé, et l'on est tombé dans l'indifférence ; les liens de l'association sur le Tour de France se sont relâchés, des multitudes d'ouvriers se sont jetées dans l'isolement, foulant aux pieds toute obligation, tout sentiment de mutualité.

Au lieu d'être embauchés par un rouleur et une société, ils se présentent eux-mêmes, un peu honteux et chapeau bas, chez les patrons qui les reçoivent froidement et qui souvent ne leur rendent pas leur salut ! Le travail vient-il à manquer, les ateliers sont envahis par les chômeurs qui en sont repoussés à l'instant ; alors combien d'estomacs torturés par la faim ! Combien de misères !

Si le travail reprend avec force, c'est au patron à chercher des ouvriers, à éprouver de l'inquiétude, à subir plus d'une humiliation. Il n'y a plus, dans certains métiers, de ces grands centres qui réunissaient les foules, qui les disciplinaient, les moralisaient, et où l'on pouvait se procurer des travailleurs en toute sécurité. Il y avait des hommes pour chaque genre de travail et s'il fallait pour une œuvre savante un ouvrier hors ligne, on le faisait venir de deux cents lieux, si on ne pouvait en tirer de plus près ; se trouvait-il trop d'ouvriers sur un point de la France, les sociétés faisaient voyager ou dégarnissaient ce lieu ; en manquait-il, au contraire, avis

était donné de toutes parts : les villes avaient entendu l'appel, les compagnons se mettaient en mouvement, appuyaient vers le côté signalé, et l'on arrivait à mettre partout en rapport l'importance des travaux et des bras nécessaires à leur exécution ; voilà ce que les gouvernements ignoraient et ce que l'on était loin de soupçonner.

Aujourd'hui, entre l'ouvrier et le patron, la confiance baisse ; on se prend, on se quitte avec un sans-façon extraordinaire.

L'étude languit, la moralité baisse, le cerveau se rouille, l'âme s'étiole, les bons ouvriers s'éclaircissent ; continuer une telle marche, c'est arriver aux abîmes.

Nous avons, je crois, trouvé une voie meilleure. C'est la formation de nos sociétés de réconciliation. Je recommanderai à tous les anciens compagnons de se former en sociétés, afin qu'à chaque étape l'on trouve une société qui puisse relever la jeunesse, lui donner des talents, l'amour du bien, l'amour du travail, enfin d'en faire d'honnêtes compagnons.

Le savoir sert, à éviter une foule de tourments, d'ennuis et d'affronts à celui qui le possède.

Qui rend l'homme si faible, si peu soucieux de sa gloire ? Son isolement, de faux principes, le trop peu de puissance des associations qu'on a trop rabaissées.

Disons aux non compagnons :

Plus d'attaques contre le compagnonnage, il met en rapport l'ouvrier et le patron, il donne des garanties à tous les deux, il facilite le voyage, le travail, l'étude, il est l'appui de la probité, il frappe le vice et l'impudeur de réprobation. Sa surveillance es incessante, il excite l'émulation, ses fêtes, ses chants gr dissent l'homme.

Gardons-nous de le dédaigner ; respect aux cannes, respect aux couleurs, elles sont une récompense du mérite, un trophée conquis par l'étude ; de retour au pays, elles honorent le jeune homme aux yeux de ses concitoyens.

Partout et toujours, chaque fois que l'occasion se présentera, dites aux jeunes ouvriers : allez voyager, le travail et la protection ne vous manqueront pas ; des sociétés vous attendent ; rangez-vous sous notre bannière, sans orgueil, avec le sentiment du devoir ; soyez l'avenir du compagnonnage, donnez lui la possibilité de faire de grandes choses, soyez aspirants, et compagnons plus tard. Mais travaillez, acquérez toutes les connaissances qui doivent faire votre gloire, votre profit, votre bonheur, apprenez sans cesse, ayez des livres pour occuper votre esprit et vos loisirs.

On a voyagé, folâtré, prodigué le temps, l'argent, la vie ; voilà tout ! Qu'il n'en soit plus ainsi à l'avenir.

Parents, veillez sur vos fils, et qu'ils ne reviennent plus auprès de vous sans être pourvus de talents, et sans être membres de nos sociétés compagnonniques. Plus d'indifférence, plus d'oubli des vrais principes de nos sociétés, et le Tour de France sera compris et béni de l'association tout entière.

Le compagnonnage doit être large, fraternel, il ne doit repousser aucun métier, il doit servir le progrès. L'instruction, l'ordre, la moralité, les gens de bien lui tiendront compte de ses efforts.

Nous, anciens compagnons, qui avons encore l'amour de nos sociétés, formons des sociétés de réconciliation dans toutes les villes, nous en imposerons à la foule qui comprendra le but de nos sociétés et qui se gardera de rire de nos cannes, de nos couleurs, de nos insignes qui excitent à s'élever et servent le bien en

général, cette foule ne sera pas plus rigoureuse pour le compagnonnage que pour les grands de la terre.

Le compagnonnage excite au travail, à l'étude, à la propreté, à la bienfaisance, à la reconnaissance.

Disons encore aux jeunes ouvriers qu'en voyageant l'amitié, la sympathie les attendent de toute part ; plus d'ennemis sur le tour de France, mais des amis partout, des amis dont la main pressera leur main. Allez, allez et montrez du cœur.

Anciens compagnons des trois fondateurs, que nous avons fait d'efforts pour relever ce qui penchait vers la terre, que de sociétés philanthropiques nous doivent leur existence, que de lumière nous avons répandue ; continuons notre œuvre de pacification et de civilisation, la jeunesse a besoin de nous.

Merci aux poètes du compagnonnage ; ils remplissent une belle mission ; il faut que les chants des uns, les paroles des autres aillent frapper à toutes les oreilles et qu'elles impressionnent la foule ; que les jeunes compagnons s'emparent de ces chants et de ces paroles et qu'ils les fassent retentir du nord au midi, du levant au couchant, leur mission se lie à la mission du poète : qu'ils soient leur porte-voix et qu'ils agissent vaillamment.

Compagnons, groupons-nous plus intimement ; que nos fêtes, que nos banquets retentissent, que toute la France en soit pénétrée ; communions dans un immense amour et soyons à jamais frères.

Patrons qui avez des enfants, de jeunes parents, des apprentis qui voyageront un jour, voulez-vous qu'ils travaillent, que le voyage leur profite, que ceux qui sont partis enfants reviennent hommes dans le pays? Tendez-nous la main, secondez nos efforts ; compagnons qui

êtes devenus riches, ne dédaignez pas notre rude entreprise, son but est moral, il doit intéresser tous les anciens compagnons qui conservent encore un peu l'amour
de leur société.

Voilà, mes frères, ce que nous apprend notre ami Perdiguier; comme je vous le disais en commençant, j'ai
approprié le sens de ses paroles au but qui nous réunit
aujourd'hui, et j'espère que vous trouverez dans les conseils de ce poëte une instruction compagnonnique comme
il est dit dans le programme de votre circulaire.

Je serai très heureux si j'ai réussi à vous faire passer
un moment agréable en reproduisant avec quelque mo-
dification, les paroles de ce frère regretté.

HYMNE

AU COMPAGNONNAGE

Du beau compagnonnage oublions la terreur,
Qu'il a causé jadis chez l'ouvrier errant ;
Détruisons ses abus, toujours avec ardeur,
Afin que l'on oublie qu'il fît couler le sang.
Proclamons aujourd'hui la loi qui nous est chère :
Frères, c'est la concorde et la fraternité.
Ces deux sœurs, pour nous à cette heure première,
Vont montrer à nos yeux l'union l'égalité.

Travaillons sans repos à rendre l'homme sage,
Que toujours le progrès vienne guider nos pas.
Cette loi enseignée par le compagnonnage
Dit: ouvrez votre cœur à tous les corps d'états.

Compagnons de Lyon, à vous revient la gloire
De la formation de nos sociétés.
Si nous réussissons, pour vous est la victoire
D'avoir anéantis tous les vieux préjugés.
Que nos sociétés, à chaque aniversaire,
Rassemblent en congrès, jeunes, vieux compagnons ;
Nos fêtes fraternelles disent plus d'adversaires,
Car nous sommes tous frères, suivons bien ces leçons.

Nous avons reconnu quelle était l'importance
De tous nous réunir en fédération.
De suite convoquons les compagnons de France,
Ont dit ces braves cœurs habitants de Lyon.

Etant en assemblée, les délégués, mes frères,
Ont proclamé la loi de paix et d'union ;
Aimer notre prochain, voilà tous nos mystères,
Utile à son semblable est notre ambition.

Prêchons donc la concorde, dans la classe ouvrière,
Pour que tous corps d'état suivent notre chemin ;
Quand nous serons rangés sous la même bannière,
Nous unirons nos cœurs en nous tendant la main.

Des ténèbres erreurs, nous déchirons le voile,
La haine a disparu, emportée par le temps,
Aujourd'hui nous suivons une brillante étoile.
Et notre cœur s'écrie : égalité descends.
L'égalité mes frères, est la loi fraternelle
Créée par Maître Jacques, Soubise et Salomon.
Si nos frères ont changé cette loi en querelle,
Pour l'honneur du devoir, proclamons l'union.

Notre société dit : amis soyez sages,
Vous trouverez ainsi le moyen d'être heureux ;
A la fraternité, rendez tous les hommages,
Et de l'humanité vous comblerez les vœux.

Chers enfants qui partez faire le tour de France,
Au devoir, à l'honneur soyez toujours constants ;
Et de votre métier apprenez la science,
C'est ce qui nous élève et qui nous rend contents.
Que du compagnonnage un rayon vous attire,
Vous trouverez chez nous des amis bienfaisants,
Dans la classe ouvrière, nous pouvons vous le dire,
C'est que nous professons les mêmes sentiments.
Nous servirons de guide à toute la jeunesse
Qui viendra de tout cœur dans la société
Acquérir le talent, la vertu, la sagesse,
La science et l'amour de la fraternité.

Que par toute la France, un seul cri retentisse,
Le cri de l'union, de l'amour du prochain ;
Qu'en nos sociétés, la discorde finisse ;
Compagnons réunis, pour tous soyez humains.
La loi de paix, de vie, de bonté nous dirige ;
Des éléments nouveaux, nous sortirons vainqueurs.
Car nous accomplirons ce bienfait, ce prodige,
En persistant toujours d'être réformateurs.
Pour arriver au but, que rien ne nous arrête.
Travaillons jour et nuit, amis plus de repos,
De notre peine enfin, la plus belle conquête,
Sera d'être formés dans un même faisceau.

Installant des mères, c'est pour rendre service,
Pour que les ouvriers se trouvent réunis,
Notre société sera la protectrice
De tous les travailleurs, qui seront nos amis.
Mais de votre côté cessez l'indifférence,
Aidez à couronner nos persistants efforts,
Soyez tous aspirants et plus d'indépendance,
Notre mère sera celle de tous les corps.

Pourquoi travaillons-nous jour et nuit sans relâche ?
Pour qu'un chômage honteux disparaisse à jamais ;
Pour nous récompenser, adoucissez la tâche,
De la fraternité vous jouirez des bienfaits.
Que de sécurité nous donnons à vos pères :
Vous trouverez partout des cœurs dévoués.
L'ignorance a vécu, des jours bien plus prospères
Vont remplacer les haines par la fraternité.

A quoi sert le mépris, nos professions sœurs,
Nous sont toutes utiles, comme l'humanité ;
Quand un semblable tombe, bien vite ouvrons nos cœurs,
Nos bras et notre bourse à son adversité.

Notre tâche est pénible, amis sur cette terre,
Nous sommes ouvriers pour gagner notre pain.
Vivons donc en accord : c'est terrible la guerre ;
Elle peut du progrès nous barrer le chemin.
Le progrès est très beau, car il tue l'esclavage,
Sans lui nous gémirions, sachons donc le bénir,
En marchant en avant, nous en sommes l'image,
Travailler pour autrui, mes amis c'est grandir,

Franchir les obstacles et vivre en Espérance,
Toujours se faire aimer par le bien que l'on fait,
Pour ceux-là quelle joie, quelle douce existence,
L'amour de son semblable est un bonheur parfait ;
Le bien que l'on vous fait n'est pas une chimère,
Amis, c'est un devoir pour chaque compagnon,
Un engagement pris de montrer la lumière
Qui sort de nos travaux de fédération.

A votre tour, il faut que du compagnonnage
Vous suiviez le sentier, vous en serez heureux ;
Vous trouverez chez nous un immense avantage,
Rentrés dans vos foyers, vous ferez des envieux ;
Mais cela n'est pas tout. Ecoutez bien jeunesse,
Les agréments du tour, c'est la fraternité ;
Quand nous faisons le bien à un frère en détresse,
C'est encore un devoir, devoir d'humanité.

Plus de divisions, frères, je vous l'ai dit,
Et que de l'avenir nous portions l'étendard ;
Pour le compagnonnage un heureux jour a lui ;
Propageons ce principe, aujourd'hui sans retard.
Notre société ne veut plus de victimes,
Venez tous parmi nous, la discorde a vécu ;
Quand vous pourrez juger qu'elles sont nos maximes
Vous direz, j'en suis sûr, c'est là qu'est la vertu.

Vous tous qui voyagez, que rien ne vous arrête,
Vous trouverez chez nous honneur et loyauté ;
Nous ne vous demandons qu'une conduite honnête,
Et dans votre métier de la capacité,
Quand de nos mystères vous connaîtrez l'histoire,
Qui sera votre Guide ? la déesse Raison.
Vous aurez remporté l'éclatante victoire,
Et vos yeux verront luire un nouvel horizon.

Plus de sotte fierté, venez chez notre mère,
Aujourd'hui le progrès est chez le compagnon ;
Quand vous aurez acquis ce beau titre de frère,
Vous serez tous heureux de porter un tel nom ;
Et votre tour viendra de nous faire connaître
L'amour que vous aurez pour le bien du prochain.
Honorez le devoir qui seul est notre maître,
Travaillez pour avoir un avenir certain.
Voilà notre maxime, et c'est là la carrière
Que tout bon compagnon, n'a qu'à suivre aujourd'hui,
Et quand le jour viendra de fermer la paupière,
Nous aurons pour l'honneur, travaillé pour autrui,

Un grand vide chez nous, c'est la mort d'un bon frère
Qui fut un grand poète, qui fut un chansonnier ;
Pour tout le bien qu'il fit, sa mémoire nous est chère,
Il prêcha la concorde, amis c'est Perdiguier.
Son monument funèbre est pour nous souvenir
Que devant la douleur il faut courber le front.
Celle que nous avons n'est pas prête à faiblir :
La perte d'un tel frère est un chagrin profond.
Devant ce noble cœur, succombant à la tâche,
Ne vous sentez-vous pas bien petits à vos yeux ;
Mais pour nous rehausser, si l'ardeur se relâche,
Travaillons comme lui nous serons glorieux.

De la gloire en tous temps l'humanité fut fière;
Elle doit du bonheu.... ..... m ntrer le chemin.
Notre existence enfin n. .a : que passagère
Occupons nos loisirs à faire toujours le bien.

Voilà comme nous rend, notre compagnonnage:
Il grave dans nos cœurs l'amitié sans regrets;
Que tous les travailleurs viennent lui rendre hommage,
Car sa noble devise est: marchez au progrès.
Déjà dans chaque ville un progrès étincelle,
Où la fraternité paraît à l'horizon;
Notre société est pure, est immortelle,
Toujours elle sera guidée par la raison.

A tous les travailleurs enseignons la sagesse,
En cela nous serons fidèles à nos serments;
Faisons toujours le bien avec délicatesse,
Combattons l'ignorant, combattons vaillamment.

Ma conscience dit travaille pour tes frères;
J'obéis, et je vais toujours mon droit chemin;
En suivant la leçon, tracée sur nos bannières,
C'est faire son devoir, et c'est faire le bien.

Des préjugés enfin voici la délivrance,
Progrès que nous devons aux anciens compagnons:
Ils vont améliorer notre chère existence
Par la fraternité que tous nous chérissons.
Que vous dirai-je aussi, rien n'est épouvantable,
Comme le désaccord parmi les ouvriers;
Amis, un sot orgueil est toujours méprisable,
Chassons-le loin de nous, loin de nos ateliers.

Quand enfin nous aurons tous acquis la sagesse,
Indispensable dans toute société,
Chez nos mères viendra cette belle jeunesse
Apporter son concours à la mutualité.

Vous voyez bien qu'il faut faire du tour de France,
Voyage d'agrément et de fraternité ;
On est sûr de trouver chez nous la bienfaisance,
Car il y règne aussi l'accord, la liberté.

Venez donc mes amis frapper à notre porte,
D'être bons aspirants vous n'aurez point regrets ;
Si l'on nous calomnie. Eh bien! que nous importe,
Dans le compagnonnage on trouve le progrès.
Sous les lois du travail nous franchirons l'espace ;
Nous sommes voyageurs pour avoir du génie,
Aux jeunes compagnons nous céderons la place,
Quand de tout désaccord nous verrons l'agonie.
Dans nos sociétés existe le sublime ;
Ne nous écartons pas de notre droit chemin ;
Fais le bien à autrui, voilà notre maxime :
Est-il plus noble but que d'aimer son prochain.

Le dévouement pour tous est ce qui nous attire,
D'un cœur honnête et droit nous sommes envieux ;
Si nous réussissons, amis je pourrai dire :
J'ai rempli mon devoir et je me trouve heureux.

CHANSON PROGRESSIVE

COMPAGNÓNNIQUE

AIR : *La Marseillaise*

Compagnons, ennemis naguère,
Un heureux jour est arrivé,
On n'entend dans la France entière
Que le cris de l'égalité.   (*bis.*)
Sans avoir prôné nos mystères,
Sans avoir trahi nos serments,
Nous voyons arriver le temps
Qu'avaient préparé nos lumières.
A l'œuvre, mes amis, plus de dissensions ;
Marchons, marchons, que le progrès soit chez les compagnons.

Quoi nous aurons encore en France
Nos semblables comme ennemis,
Quand dans nos temples l'ignorance
Disparaît, nous sommes unis.   (*bis.*)
Plus de méchants, plus de parjures,
Répandons toujours nos bienfaits,
Les jaloux ne pourront jamais
Combattre nos vertus les plus pures.
A l'œuvre.

Puissance du compagnonnage,
Lève-toi, nous sommes vainqueurs.
Nous ne demandons en partage
Que l'estime des travailleurs.   (*bis.*)
Que tout malheureux sans ressource,
Vienne chez nous ; l'humanité

Nous oblige à la charité,
De suite nous ouvrons notre bourse.

A l'œuvre.

Pour être admis dans nos mystères
Il faut rejeter les abus.
Vous trouverez chez nous des frères
Pratiquant toutes les vertus.   (*bis.*)
Plus de jaloux et que l'abîme
Disparaisse de nos travaux,
Soyons toujours les libéraux,
Car d'être despote c'est un crime.

A l'œuvre.

Voyez nos fêtes fraternelles,
L'accord y règne en souverain;
Et quand le devoir nous appelle
Nous secourons notre prochain.   (*bis.*)
Comme aujourd'hui à cette table,
Le compagnon, le verre en main,
Sera toujours le bout-en-train,
Comme il est aussi charitable.

A l'œuvre.

Compagnonnage et toi patrie,
Voyez en nous vos Défenseurs,
Chez nous l'égalité chérie
Existe pour tous travailleurs.   (*bis.*)
Sur la surface de la France,
Les compagnons sont répandus
Pour y détruire les abus:
Ce que veut votre ami l'Espérance.
A l'œuvre, mes amis, plus de dissensions,
Marchons, marchons, que le progrès soit chez les compagnons

ACROSTICHE COMPAGNONNIQUE

L'ennemi d'autrefois aujourd'hui est un frère :

En nous associant, nous suivons le bon droit.

Saint amour du progrès renaît donc sur la terre

Pour abolir l'erreur qui nous jette l'effroi,

Écrase sous tes pieds ces abus de nos pères ;

Remplace cette erreur par la fraternité.

Assis sur ton trône soutenu par des frères,

Ne vois-tu pas le bien que fait l'égalité ;

Ceux qui veulent prôner nos antiques mystères

En voulant conserver tout ancien préjugé,

Lorsqu'ils auront compris du siècle les lumières,

Entreront dans nos vues, voyant l'humanité.

Salut ô toi progrès, ton triomphe nous lie ;

A l'appel de nos frères, pas de division.

Invitons au banquet que l'amitié convie,

Nos ennemis viendront célébrer l'union ;

Tenons toujours en main l'étendard fraternel,

On vaincra l'ennemi par la fraternité,

N'abandonnons jamais l'amour universel,

Gardons tous en nos cœurs l'espoir, la liberté ;

En agissant ainsi, oui, nous verrons en France

C rouler la discorde qui nuit aux compagnons.
O ublions les erreurs, formons vite alliance,
M es amis de tous corps plus de dissensions ;
P ar de vrais sentiments ainsi qu'une loi sage.
A menons dans nos rangs l'union, l'humanité.
G rands sont nos principes dans le compagnonnage,
N os sentiments sont beaux, ils sont la vérité.
O n a mis sous les pieds les lois humanitaires,
N ous ne devrions pas continuer ces erreurs.

C ompagnons de tous corps, des classes ouvrières,
L evez la tête haute, en régénérateurs ;
O n a déjà compris que les hommes sont frères,
U n effort mes amis et plus de préjugés.
T oujours soyons unis, soyons amis sincères ;
I nstruire son prochain c'est marcher au progrès.
E n continuant ainsi, soyons toujours humain,
R allions-nous ensemble, aimons notre prochain.

FIN

IMPRIMERIE DE SURGÈRES (CH.-INF.) — J. TESSIER.

$$\begin{array}{r} 1337 \\ 81 \\ \hline 1156 \end{array}$$